FÜR

h. o. d.

Satz und Layout, Titelgestaltung:
eretier | grafische gestaltung
www.eretier.de

Herstellung und Verlag
BoD-Books on Demand, Norderstedt
ISBN 978-3-751990-11-0

Bibliographische Informationen
der Deutschen Nationalbibliothek
www.dnb.de

Heide-Renate Döringer

WU ZETIAN

627-705

Der einzige weibliche Kaiser
auf dem chinesischen Drachenthron

Oberursel 2020

Damen beim Polospiel

Hausmusik der Hofdamen

VORWORT

Im Frühjahr des Jahres 2008 unterrichtete ich ein Semester lang an der Fremdsprachen-Universität in **Xi'an, Provinz Shaanxi**, China. Während dieser Zeit besuchte ich zusammen mit meiner Studentin, Frau Li Shuang, nicht nur die verschiedensten Restaurants, sondern auch die Sehenswürdigkeiten in dieser geschichtsträchtigen Stadt und in der näheren Umgebung. Bei diesen Unternehmungen lernte ich, dass Xi'an, zu früheren Zeiten Chang'an genannt, nicht nur die Hauptstadt des ersten chinesischen Kaisers Qin Shihuangdi (259-210 v. Chr.), sondern acht Jahrhunderte später, während der Tang-Dynastie (618-907), die größte und reichste Stadt der Welt war. Die Tang-Dynastie wird in der chinesischen Geschichte als das „Goldene Zeitalter" angesehen, denn das gewaltige Reich erstreckte sich damals von Persien bis ans Chinesische Meer. Seine Herrscher waren weltoffen, die Bevölkerung in der Hauptstadt kosmopolitisch; man liebte das angenehme Leben und die schönen Künste.

Während dieses Aufenthaltes in Xi'an erstaunte mich im Besonderen, dass die Frauen der Tang-Dynastie ungeahnte Freiheiten genossen. Sie nahmen an sämtlichen Veranstaltungen teil, bewegten sich frei in der Öffentlichkeit, musizierten bei Festen, begleiteten die Männer zur Jagd, und sie spielten Polo. Ich erwarb zwei große Gemälde, auf denen polospielende Reiterinnen bzw. musizierende Damen dargestellt sind. Mit diesen Gemälden schmückte ich meine Wohnung auf dem Campus, nicht ahnend, welchen Eindruck sie in meinem Unterbewusstsein hinterlassen würden.

Und dann hörte ich von einer Frau, die hier in Xi'an gelebt hat und die es wagte, nach der Macht zu greifen. **Wu Zetian** (625-705) wurde die erste und einzige herrschende Kaiserin auf dem chinesischen Drachenthron. Fasziniert begann ich mich mit ihr zu befassen, studierte, was über sie berichtet wurde, und sammelte Anekdoten und Geschichten – Verleumderisches und Wahres. Nachdem die Idee eines Buches entstanden war, reiste ich im Oktober 2018 zusammen mit meinem Mann wieder nach Xi'an, dieses Mal gezielt auf den Spuren der Tang-Dynastie und der Kaiserin Wu Zetian. Wir besuchten das Historische Museum, das im Stil eines kaiserlichen Palastes erbaut wurde. Hier beschränkten wir uns auf die Räume mit den zahlreichen Artefakten aus der Zeit der Tang-Dynastie. Anschließend wanderten wir weiter zur Großen Wildgans-Pagode, in welcher zu Wu Zetians Zeiten die Schriften des Mönchs Xuanzang aufbewahrt wurden. In der riesigen Parkanlage rund um die 64 Meter hohe Pagode trafen wir an mehreren Stellen auf lebensgroße bronzene Skulpturen von musizierenden Tang-Frauen.

Sehr interessant war für uns der Besuch des **Stelenwaldes**, des größten Museums für Stelen in ganz China. Es beherbergt 1000 Steine, von denen die meisten aus der Zeit der **Tang-Dynastie** stammen. Hier machten wir uns auf die Suche nach den sechs Wandreliefs der Kriegspferde von Kaiser Taizong, die symbolhaft für den Kaiser und seine Ära sind.

Es erstaunte uns immer wieder aufs Neue, auf welch vielfältige Weise die Tang-Dynastie heutzutage, im Jahre 2018, in der Stadt hervorgehoben wird. Da gab es ein riesiges Areal, das **Tang-Paradies**, durch das man mit kleinen Bussen fahren konnte, während der Fahrer auf Chinesisch (nur Chinesisch!) Kommentare zu den verschiedenen Themenparks, Restaurants, Ausstellungsräumen und Skulpturen von Frauen und Pferden gab. Ein See lockte zur geruhsamen Bootsfahrt, vorbei an den Brautpaaren, die sich in dieser herrlichen Umgebung fotografieren ließen.

Am Abend besuchten wir das **Shaanxi Grand Opera House,**

um uns die **Tang-Dynasty-Show** anzuschauen. Vor dem farbenprächtigen Schauspiel genossen wir ein typisches „Dumpling-Buffet", bei dem mehr als zwanzig verschiedenartig gefüllte Teigtaschen, Spezialitäten der Provinz Shaanxi, zusammen mit Beilagen serviert wurden. Es war eine delikate Vorbereitung auf die Show, bei der mit Tanz, Gesang und Prunk das Leben am kaiserlichen Hof dargestellt wurde.

Als letztes Erinnerungsstück an die Tang-Dynastie besuchten wir im Moslem-Viertel die **Große Moschee** aus dem Jahre 742. Diese Moschee befindet sich in einem traditionellen chinesischen Garten. Sie gilt als Zeugnis für die Weltoffenheit der Tang-Kaiser, die in ihrer Hauptstadt Anhänger der unterschiedlichsten Religionen friedlich nebeneinander leben und arbeiten ließen.

Den Höhepunkt unserer Spurensuche bildete der Besuch der Grabstätten der Tang-Kaiser. Unsere englischsprachige Führerin Mary fuhr uns zu dem **Qianling Mausoleum**, das sich 83 Kilometer westlich von Xi'an befindet. Laut historischen Quellen soll Wu Zetian diesen Ort sehr sorgfältig ausgesucht haben. Von Weitem betrachtet erinnert die Bergkette Liangshan an die Konturen einer liegenden Frau bzw. schlafenden Schönheit. Dort angekommen folgten wir dem „Kaiserlichen Weg", der von steinernen Wächterfiguren flankiert wird, den Hügel hinauf bis zu den beiden Gedächtnisstelen für Kaiser Gaozong und seine Gemahlin Wu Zetian. Hier soll die einzige Grabstätte in der ganzen Welt sein, in der ein Kaiserpaar gemeinsam begraben liegt. Davon wird später berichtet.

Unser nächstes Ziel war die Grabanlage von Prinzessin **Yong Tai**. Vorbei an herrlichen Wandgemälden (Kopien) konnten wir hinunter in die Grabkammer steigen und dort den monumentalen Steinsarg der Prinzessin, einen nationalen Schatz, bewundern.

Das Erstaunlichste für uns war aber das zur Grabanlage gehörende Museum, welches in keinem Reiseführer erwähnt wird. Mit diesem Museum hat man hier, inmitten der Provinz Shaanxi, Wu Zetian ein Denkmal gesetzt. Auf großen Bildern und Schrifttafeln werden Leben und Werk der Kaiserin dargestellt. Wir fotografierten die Erläuterungen in englischer Sprache, um sie später auszuwerten. Leider gab es keinen Führer, keinen Katalog, kein Buch, keine Karten – wir konnten jedoch erkennen, dass Wu Zetian, die einzige Frau auf dem chinesischen Kaiserthron, hier als fähige Herrscherin dargestellt wird. Seltsamerweise waren wir in diesem interessanten, kleinen Museum die einzigen Besucher.

INHALT

TEIL 1

DIE SUI-DYNASTIE
(581-618)

Geschichtlicher Hintergrund

Unter der Herrschaft von Qin Shihuangdi (259 v. Chr.-210 v. Chr.), dem ersten Kaiser, wurde durch die Unterwerfung und den Zusammenschluss mehrerer kleiner Staaten ein geeintes chinesisches Reich geschaffen. Die Qin-Dynastie dauerte nur 14 Jahre lang; die darauf folgende Han-Dynastie (210 v. Chr.-220 n. Chr.) regierte jedoch fast ununterbrochen nahezu 400 Jahre. Während dieser Zeit blühten die Kultur und der Handel. Das Zusammenleben wurde nach den Gesetzen des Konfuzius geregelt, aus Indien kommend breitete sich der Buddhismus aus, die Große Mauer[1] wurde gebaut und der Handel auf der Seidenstraße vorangetrieben. Von 220 n. Chr. bis 589 n. Chr. regierten verschiedene Dynastien das alte China, aber keine von ihnen über einen längeren Zeitraum. So kam es, dass sich der Norden vom Süden abspaltete und in jeder Region unterschiedliche Dynastien herrschten.

Die kurzlebige Sui-Dynastie (581-618) stellte schließlich nach einer fast 300jährigen Teilung des chinesischen Reiches wieder eine Vereinigung her. Während ihrer Regierungszeit gab es innerhalb von knapp vierzig Jahren eine streng zentralisierte Armee, eine zivile Verwaltung und eine solide finanzielle Basis. Ein effektives Kanalsystem[2] verband den Norden mit dem Süden. Der Buddhismus wurde als einigende Glaubenskraft gefördert, während man sich auf den Konfuzianismus als Quelle guter Verwaltung und Gesetzmäßigkeit berief und den Taoismus tolerierte. Zwei bedeutende Kaiser, Wendi und Yangdi, führten zum Erfolg der Sui-Dynastie, dagegen saß Kaiser Gongdi, der letzte Herrscher, nur noch als Puppenkaiser auf dem Thron.

Kaiser Wendi
(581-604)

Wendi, der erste Kaiser der Sui-Dynastie, war ein außergewöhnlich fähiger Herrscher. In eine buddhistische Familie geboren, erhielt er die typische Ausbildung der oberen Klasse. Er studierte die Kunst der Kriegsführung, und schon ab dem Alter von 14 Jahren bekleidete er unterschiedliche militärische und zivile Ämter. Als Kaiser war es seine wichtigste Aufgabe, inneren Frieden zu schaffen. Zuerst musste er die verschiedenen privaten Armeen auflösen, die sich in den vergangenen Jahrzehnten gebildet hatten. Dafür ordnete er eine Entwaffnung aller Soldaten an und schickte die Krieger als Bauern aufs Land. Die kaiserliche Armee wurde reorganisiert und stand fortan unter strikter zentraler Kontrolle. Wendi ließ die Große Mauer reparieren und das Kanalsystem ausbauen, sodass der reisanbauende Süden mit den Grenzregionen des Nordens verbunden war. Er erkannte, dass der Buddhismus, mit dem Versprechen der Errettung aller, ganz gleich welcher Nationalität und welchen Ranges, eine starke Kraft der Vereinigung war, und so unterstützte er die Verbreitung dieses Glaubens. Während seiner Regierungszeit wurden 4000 Tempel gebaut, er ließ 100.000 neue Bilder malen und mehr als eine halbe Million religiöse Relikte aus Gold, Bronze, Sandelholz, Elfenbein und Stein restaurieren. Täglich wurden Gottesdienste abgehalten Die Regierungsgeschäfte ließen ihm kaum Zeit für Vergnügungen, und seine Ehefrau, Kaiserin Wenxian, die ihm fünf Söhne und eine Tochter geboren hatte, verlangte von ihm Monogamie. Als sich der Kaiser eines Tages in eine Hofdame verliebte, ließ die Kaiserin das Mädchen kurzerhand umbringen. Man erzählte, eines Tages sei der trauernde Herrscher allein in den Bergen geritten und habe geklagt: *„Ich mag wohl als der Sohn des Himmels verehrt werden, aber Freiheit habe ich keine!"*

Kaiser Yangdi
(604-617)

Wendis zweiter Sohn und Nachfolger, Yangdi, hatte die Vision seines Vaters von einem geeinten Reich, doch es fehlten ihm dessen Intelligenz und Durchsetzungskraft. Bald schon gefiel Kaiser Yangdi nur noch das Luxusleben; er ließ Paläste bauen und Parks anlegen, wobei er für die Fronarbeiten die Bauern rücksichtslos von den Feldern holte. Sein größter Fehler war jedoch, dass er drei vergebliche Feldzüge gegen die Korea führte. Diese verschlangen nicht nur Unsummen aus der Staatskasse, sondern kosteten Hunderttausende das Leben. Hohe Steuern, die fehlenden Arbeitskräfte und eine Überflutung des Gelben Flusses führten zu Hungersnot und schließlich zu Aufständen.

Obwohl im Jahre 617 die Situation für die Sui Dynastie schwierig wurde, führte Kaiser Yangdi weiterhin ein ausschweifendes Leben. Er hatte eine große Anzahl von Konkubinen und weiblichen Bediensteten, fast 1000, mit denen er sich vergnügte. Jeden Tag organisierte eine der Konkubinen ein Festmahl für den Herrscher und seine Gespielinnen, und sie feierten bei Speisen und Getränken bis zum Morgengrauen. Trotzdem ahnte er, dass seine Leichtlebigkeit sich rächen würde. Eines Abends klopfte Kaiser Yangdi sich in trunkenem Zustand an sein Haupt und fragte seine schöne Gemahlin Xiao: *„Wer wird wohl kommen und diesen hübschen Kopf abschlagen?"*

In dem Gefühl, dass seiner Regierungszeit das Ende nahte, wollte der Kaiser seinem Schicksal entgehen und floh mit seiner Familie in die Provinzen südlich des Yangtze-Flusses. Die Flucht half ihm jedoch nicht – im dritten Mondmonat des Jahres 617 wurde der letzte wirkliche Kaiser der Sui-Dynastie hier von seinem eigenen General erdrosselt. Seine letzten Stunden wurden so übermittelt:

Als General Yuwen Huaji mit anderen Generälen in den Palast kam, um den Kaiser zu sprechen, wusste dieser, dass es sein letzter Tag auf dieser Erde sein würde. Zu seinen Generälen sprach er: „Ein Kaiser kann selbst bestimmen, auf welche Art er sterben will. Ihr könnt mich nicht mit dem Schwert töten, gebt mir das Gift!" Da er schon ahnte, dass seine Dynastie nicht mehr lange bestehen würde, hatte er immer einen Eunuchen in der Nähe, der Gift für ihn bereithielt. In diesem Moment aber, als er gebraucht wurde, war der Eunuch nirgends zu finden. Da musste der Kaiser eine andere Todesart akzeptieren. Er nahm sein Musselin-Tuch, das er als Gürtel benutzte, und reichte es dem General. Dieser erdrosselte ihn damit. Zufällig befand sich der zwölfjährige Sohn des Kaisers im Raum, und auch er wurde getötet. [7]

General Yuwen nahm die hübsche Kaiserin Xiao mit sich und wurde ein Warlord. Zu dieser Zeit gab es einige Warlords[8] in der Gegend, die entweder die ehemaligen Truppen der Sui-Dynastie oder die revoltierenden Bauern unterstützten.

Es herrschte große Unruhe im Land, und eine führende Hand fehlte.

Kaiser Gongdi
(617-618)

In der Hauptstadt Chang'an kam Gongdi, der Enkelsohn Yang-dis, auf den Thron, und Li Yuan, ein General aus aristokratischer Familie mit langer Regierungstradition, wurde Regent. Im folgenden Jahr nahm Li Yuan die östliche Hauptstadt Luoyang ein, setzte den Puppenkaiser ab und erklärte sich selbst zum Gründungskaiser der Tang-Dynastie. Er regierte unter dem Namen Kaiser Gaozu.

TEIL II

DIE TANG-DYNASTIE
(618-907)

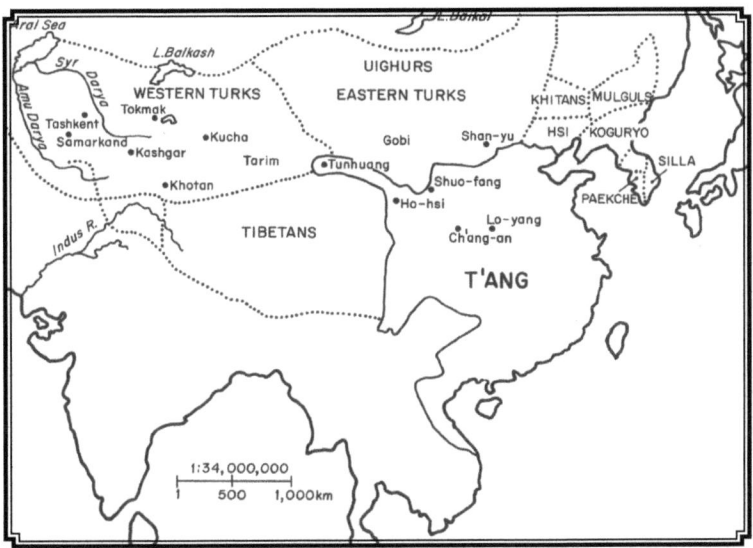

Während der Tang-Epoche erlebte China eine wirtschaftliche und kulturelle Blütezeit. Die Großstädte wuchsen und mit ihnen die Stadtkultur. Dichtkunst, Malerei, Theater, Musik und keramische Produktion erreichten ein hohes Niveau; auf technischem Gebiet entwickelte sich der Buchdruck. Gute Regenten schufen die Voraussetzung dafür. Der berühmteste unter den Führern war Kaiser Taizong, bekannt für seine Weisheit und seine vielfältigen Fähigkeiten. Er war ein großer Feldherr und gleichzeitig ein geschickter Administrator; unter seiner Herrschaft hatte das chinesische Reich die größte Ausdehnung.

Kaiser Gaozu
(618-626)

Die Vorhersagen

Als Li Yuan, der spätere Kaiser Gaozu, vier Jahre alt war, besuchte ein Gesichtsleser die Familie, und das Kind betrachtend, sprach er:

„Der Junge hat die Aura eines Drachen und eines Phönix, außerdem strahlt er wie die Sonne. Wenn er erwachsen ist, so um die zwanzig Jahre alt, wird er die Welt retten und dem Volk Frieden bringen."

Nach vielen Jahren, in denen aus dem Kind ein Mann geworden war, ergab sich eine Situation, in der Li Yuan selbst seine Zukunft gedeutet haben wollte. Denn es geschah, dass zu Beginn des Jahres 617 die Bürger von Taiyuan um Mitternacht ein wundersames Schauspiel erlebten. Nordwestlich des Palastes erschien ein strahlendes Leuchten am Himmel, aus dem ein purpurfarbener Streifen bis zum Sternbild des „Großen Wagen" schoss. Dieses Naturphänomen deutete auf eine große Veränderung hin. Der Schriftsteller Xiong beschreibt die Geschichte so:

Ein professioneller Sterndeuter hatte das Phänomen bemerkt, und er interpretierte das Naturschauspiel: Das Licht ist die Aura des Himmelssohns und ein untrügliches Zeichen dafür, dass sich in Taiyuan ein künftiger Kaiser versteckt.

Li Yuan hörte von dem Ereignis, erinnerte sich an die Vorhersagen aus seiner Kindheit und besuchte Wang Yuanzhi, den Patriarchen der Mount Mao Schule und bedeutendsten Tao-Meister seiner Zeit. Er traf einen alten Mann an, der über 100 Jahre zählte und wahrscheinlich zu dieser Zeit der Älteste im chinesischen Reich war. Wang Yuanzhi, von kleiner Gestalt, hatte einen wilden weißen Haarschopf, einen langen weißen Bart und buschige Brauen, die fast seine Augen verdeckten. Nach den üblichen höflichen Begrüßungsritualen sprach der Meister:

„Ich habe gehört, Ihr möchtet ein physiognomisches Gesichtslesen."

Als Li Yuan bejahte, schickte der Meister seine Diener aus dem Raum und begann die Züge des Besuchers gründlich zu studieren. Intensiv betrachtete er die Linien, die Falten, die Muster, die Flecken des Gesichtes und schließlich auch die Form der Hände, die Handflächen und die Finger. Nach 30 Minuten stiller Begutachtung flüsterte er: „Glückwunsch, Ihr seid der nächste Sohn des Himmels!" Li Yuan war entsetzt: „Um Himmelswillen, wenn der Kaiser das erfährt, wird mein gesamter Clan ausgemerzt!" Aber der Meister antwortete: „Lasst mich sagen, was ich gesehen habe:

Die breite Stirn ist ein Ausdruck von großer Macht, und die Falten bilden das Zeichen „König" (wang). Die langen, fleischigen Ohrläppchen, die knollige Nase und der lange Nasenrücken, der zur Stirn führt, sind alles Zeichen von einer royalen Physiognomie. Auch die Handflächen zeigen genau dasselbe."

Li Yuan konnte es nicht glauben. Er stammelte „Aber ich bin ein treuer Anhänger der Sui!". Da entgegnete der Meister: „Hört, welche heilige Nachricht ich bei meiner Kommunikation mit dem Lord Dao selbst erhalten habe: Die Sui-Dynastie wird ersetzt durch eine Dynastie, die von einem meiner Anhänger gegründet wird – er soll mich ehren, und ich werde dafür sorgen, dass die neue Dynastie bestehen bleibt." Weiter führte der Meister aus: „Vergesst nicht, der Familienname des Lord Dao ist Li, genau wie Eurer, und deshalb ist niemand anderes als Ihr der nächste Kaiser."[2]

Darauf entschloss sich Li Yuan zu handeln. Er führte seine Armee aus dem Lager in Taiyuan und marschierte in Richtung Südwesten, um die westliche Hauptstadt Chang'an einzunehmen, eine Heldentat, die ihm gegen Ende des Jahres 617 gelang.

Die Regierung

Am 18. Juni 618 bestieg Li Yuan den Thron und nannte sich fortan Kaiser Gaozu. Die neue Dynastie benannte er „Tang", nach dem Titel des Herzogs von Tang, der seinem Großvater verliehen worden war. Die Selbsternennung zum Herrscher war kühn und etwas voreilig, denn noch hatte er nicht alle anderen Heerführer besiegt. Der Feind von Außen, die Östlichen Turkvölker, unternahm immer wieder Einfälle in chinesisches Territorium. Diese Rebellionen und Kriege wirkten sich verheerend auf die Bevölkerung aus, denn fast alle wehrfähigen Männer wurden in die Armee gezwungen. Infolgedessen konnten sich viele Familien nicht mehr durch Landwirtschaft und andere Berufe ernähren. Das Volk verarmte, die Soldaten litten. Um dem Schicksal der zwanghaften Einberufung zu entgegen, ergriffen die Männer schmerzhafte Maßnahmen: sie brachen sich selbst die Arme oder ein Bein. Diese verletzten Gliedmaßen nannten sie „vorteilhafte Tatzen" und „glücksbringende Füße". Der Brauch nahm solche Ausmaße an, dass der Kaiser ein Edikt erließ, in dem er die Selbstverstümmlung mit hohen Strafen belegte. Die Poeten verfassten Gedichte, die laut vorgetragen wurden, um die Gefühle der Bevölkerung hörbar zu machen.

Des Kaisers Soldaten

Mit Wagengerassel und Pferdegeschnaub
ziehn hinaus des Kaisers Armeen.
Bei der Xianyang-Brücke wirbelt der Staub,
kaum kann man die Brücke noch sehen.
Es schnauben die Pferde und rollen die Wagen.
Die Soldaten marschieren aus,
und alle Bogen am Gürtel tragen
und Väter und Mütter und Töchter und Söhne

begleiten zur Stadt sie hinaus.
Die stampfen die Erde vor Wut und weinen;
manch Vater den Sohn umarmt.
Vor so viel Kummer könnte man meinen,
dass selbst sich der Himmel erbarmt.
Ein Fremder tritt heran an die Reihe,
fragt einen wohin sie zieh'n.
Der sagt nur: Der Kaiser braucht immer mehr neue
Soldaten, zu sterben für ihn.
Mit fünfzehn schickt er hinaus den Rekruten,
im Westen zu schützen den Fluss,
wo er mit vierzig noch kämpfen und bluten
und roden und ackern muss.
An den Grenzen ist schon mehr Blut geflossen
als Wasser in Tümpel und Teich,
und der Kaiser will immer noch weiter vorstoßen,
vergrößern sein Kaiserreich.
Der Krieg hinterlässt auch schon hier seine Spuren:

Wenn Ihr gen Osten geht
da seht Ihr in zweihundert Präfekturen
nur Äcker mit Unkraut besät.
Wenn unsere Weiber auch stark und drall sind,
seit man uns zum Kriegsdienst rief,
zieh'n sie den Pflug, und überall sind
die Furchen krumm und schief.
Wir Männer von Shaanxi haben Mark in den Knochen,
halten mehr als die anderen aus,
und weil wir noch stark und ungebrochen,
treibt uns, wie der Bauer die Hunde und Hühner,
der Kaiser aufs Schlachtfeld hinaus...[3]

Gaozu zeigte sich auch als gewissenhafter Herrscher mit scharfsinniger Urteilskraft. Entgegen den bisher üblichen Verhaltensweisen ließ er die kaiserliche Sui-Familie nicht ausrotten, sondern gewährte Amnestie. Fähige Beamte behielten weiterhin ihren Posten und vertrauenswürdige Ratgeber halfen ihm, das Land gerecht zu regieren. Beim Tode seines treuen Ministers Wei Zheng soll Gaozu gesprochen haben:

Man kann Kupfer als Spiegel einer Person nutzen, die Vergangenheit als Spiegel der Politik und einen Menschen als Spiegel, der dich leitet in der Beurteilung alltäglicher Begebenheiten. Diese drei Spiegel waren mir immer wertvoll. Aber nun, da Wei Zheng gegangen ist, habe ich einen verloren.[4]

Die fortwährende Friedenspolitik Gaozus sorgte mit der Zeit für Ruhe im Land, und es wurde möglich, politische, wirtschaftliche und militärische Institutionen zu gründen, die während der gesamten Tang-Periode Bestand hatten.

Die Nachfolge

Ein Problem stellte sich jedoch: Wer sollte die Nachfolge übernehmen? Gaozu besaß mit seiner Ehefrau und den Konkubinen insgesamt zweiundzwanzig Söhne. Die Ehefrau Dame Dou war die Mutter von Li Jiancheng, Li Shimin, Li Yuanji und der Prinzessin Pingyang. Ihre Söhne standen in der Rangordnung natürlich an erster Stelle, und so bestimmte der Kaiser im Jahre 618 seinen erstgeborenen Sohn Li Jiancheng zum Nachfolger. Die Geschichte zeigt jedoch, dass der zweite Sohn, Li Shimin, der spätere Kaiser Taizong, das Reich regieren wird.

Li Shimin hatte, ebenso wie seine Brüder, eine gründliche Erziehung genossen, zu der unter anderem klassische Literatur und Kalligraphie gehörten. Der intelligente Junge besaß ein besonderes Talent für die Schreibkunst, und viele seiner Texte wurden in Stein gemeißelt und dienten später Studenten als Vorbild. Viel mehr Spaß bereiteten ihm jedoch kriegerische Spiele und der Umgang mit Pferden. Als Li Shimin etwas älter als zehn Jahre alt war, wurde sein Vater, zu der Zeit noch Li Yuan genannt, in die Provinz Shansi versetzt. Dort verbrachte der Junge seine prägenden Jahre an der Grenze zu dem Reich der kriegerischen Türken; er lebte mit Soldaten, lernte das Bogenschießen, wurde ein tollkühner Reiter und durfte mit auf Jagdausflüge und Expeditionen. Mit fünfzehn Jahren nahm er erstmals an einem Feldzug teil; in der Folgezeit entwickelte er sich zu einem erfahrenen Feldherrn.

Es überraschte nicht, dass Kronprinz Li Jiancheng angesichts der Erfolge seines jüngeren Bruders eifersüchtig wurde. Er verbündete sich mit Bruder Li Yuanji und sie beschlossen, Li Shimin aus dem Weg zu räumen. Mehrere Versuche schlugen fehl, aber eines Tages hätten die beiden es anlässlich einer Familienfeier beinahe geschafft.

Die Geburtstagsfeier

*Im Sommer 626 lud Kronprinz Jiancheng zu seiner Geburtstags-
feier in den Östlichen Palast ein. Zu den Gästen gehörten auch die
königlichen Prinzen, die auf Wunsch ihres Vaters, dem Kaiser, freundlich miteinander verkehrten. Das Fest begann am Nachmittag und
dauerte bis tief in die Nacht. Als es schon ziemlich spät war, forderte
Jiancheng seinen Bruder Shimin zu einem Trinkwettbewerb auf. Li
Shimin nahm die Herausforderung an. Nachdem er aber sein zwei-
tes Glas Wein halb ausgetrunken hatte, spürte er plötzlich ein Ziehen
im Magen und kollabierte. Li Shentong, ein Freund, hob ihn auf,
und zwei Diener brachten ihn zu einer Sänfte. Schnellstens wurde
der Kranke zu seiner Residenz, dem Hongyi-Palast (622 im Auftrag
des Kaisers erbaut) westlich der Palaststadt, gebracht. Dort erwartete
ihn seine Ehefrau, die entsetzt war, als sie ihn reglos und bleich in der
Sänfte liegen sah. Mit der Hilfe mehrerer Diener wurde der Prinz ins
Haus getragen. Da erbrach er sich, und das Gespuckte war eine mit
Blut vermischte schwarze Flüssigkeit. Der Hofarzt, den Li Shentong
benachrichtigt hatte, eilte schnell herbei, untersuchte den Puls und die
Zunge und verabreichte dem Kranken zwei große Kräuterkugeln, welche dieser mit Wasser runterschluckte. Dann wies der Arzt die Ehefrau
an, ihrem Gatten jeden Abend zwei dieser Kugeln zu geben, so lange
bis alle aufgebraucht seien. Im Hinausgehen ließ er Li Shentong wissen,
dass Li Shimin vergiftet worden war![5]*

Nach diesem erneuten Anschlag auf sein Leben wusste Li Shimin, dass er schnell handeln musste.

Der Überfall am Tor des Schwarzen Kriegers

Zusammen mit seinen engsten Vertrauten schmiedete Li Shimin umgehend einen Plan. Er wollte seine beiden Brüder auf dem Weg zur Morgenaudienz beim Kaiser überraschen. Der geeignete Ort für den Überfall schien das „Tor des Schwarzen Kriegers" zu sein, das vom Kaiserlichen Park in die Palast-Stadt führte.

Aus dem Hinterhalt
Im Morgengrauen des 2. Juli 626 machte sich Li Shimin mit 50 bewaffneten Kriegern auf den Weg zum Tor, wo sich die Männer im Hinterhalt auf die Lauer legten. Trotz aller Vorsicht bemerkten die Spione der Prinzen, dass etwas im Gange war, und berichteten ihren Herren davon. Zuerst wollten Li Jiancheng und Li Yuanji vorgeben, krank zu sein, und die Audienz absagen, aber dann fürchteten sie, Li Shimin könne allein zum Kaiser gehen und diesem von dem Giftanschlag berichten. Sie versicherten sich gegenseitig, dass sie genug Gefolgsleute hätten und deshalb nichts fürchten müssten. So ritten sie mit nur leichter Garde in Richtung Palast in der Hoffnung, dort noch vor Li Shimin den Kaiser zu sprechen. Am Tor angekommen wurde Li Jiancheng plötzlich unruhig; vielleicht, weil er die vertrauten Wachen nicht sah, drehte er blitzschnell um und gab seinem Pferd die Sporen. Bevor er aber entfliehen konnte, stieß Li Shimin einen Kampfruf aus und kam mit seinen Männern aus dem Versteck. Li Yuanji war der erste der Brüder, der schoss. Mit drei Pfeilen versuchte er Li Shimin zu treffen, blieb aber erfolglos. Li Shimin hingegen nutzte seine lange Kriegserfahrung und sein Talent im Bogenschießen, und schon der erste Pfeil traf Li Jiancheng, den Kronprinzen, mitten ins Herz. Li Yuanji wurde verwundet und versuchte zu Fuß zu entkommen; mit einem Pfeil im Rücken fiel er jedoch nach wenigen Schritten sterbend zu Boden. Die Anhänger der beiden Prinzen flohen.[6]

In der Stadt kam es zu einem Aufruhr, denn man wusste noch nicht, dass der Kronprinz getötet worden war. Zweitausend Männer seiner Leibgarde ritten zum Tor und versuchten, den Palast anzugreifen. Da erschien ein Mann auf der Stadtmauer und stellte die auf Stangen aufgespießten Köpfe der Prinzen zur Schau. Die Soldaten sahen ein, dass sie einen sinnlosen Kampf fochten, und flohen eilends in die Berge.

Die Verbündeten Li Shimins suchten sofort den Kaiser auf und informierten ihn über die Geschehnisse, dabei nutzten sie die Gelegenheit, Li Shimins Einsatz für das Reich hervorzuheben. Der Kaiser veröffentlichte daraufhin ein Dekret, in dem er Li Shimins Handeln guthieß und ihn zum Befehlshaber aller Heere ernannte. Gleichzeitig erließ er eine Amnestie für alle Generäle und Minister der Prinzen – eine Großzügigkeit, die in jenen Tagen unüblich war. Nur die fünf Söhne der Toten mussten ihr Leben lassen, damit sie später keine Ansprüche auf den Thron hatten und Verschwörungen anzetteln konnten.

Gaozu war bereit sich zurückzuziehen. Nur zwei Monate nach dem Vorfall am „Tor des Schwarzen Kriegers" dankte er zugunsten von Li Shimin ab, der im Alter von 26 Jahren den Lohn für seine kriegerischen Streifzüge und seinen Mut erhielt. Kaiser Gaozu, der erste Kaiser der Tang-Dynastie, hatte für Frieden und Stabilität gesorgt – Voraussetzung für Chinas Goldenes Zeitalter. Sein Sohn Li Shimin würde als der große Kaiser Taizong der Tang-Dynastie in die Geschichte eingehen.

TEIL III

CHINAS GOLDENES ZEITALTER

(626-649)

Chang'an: Stadt des ewigwährenden Friedens

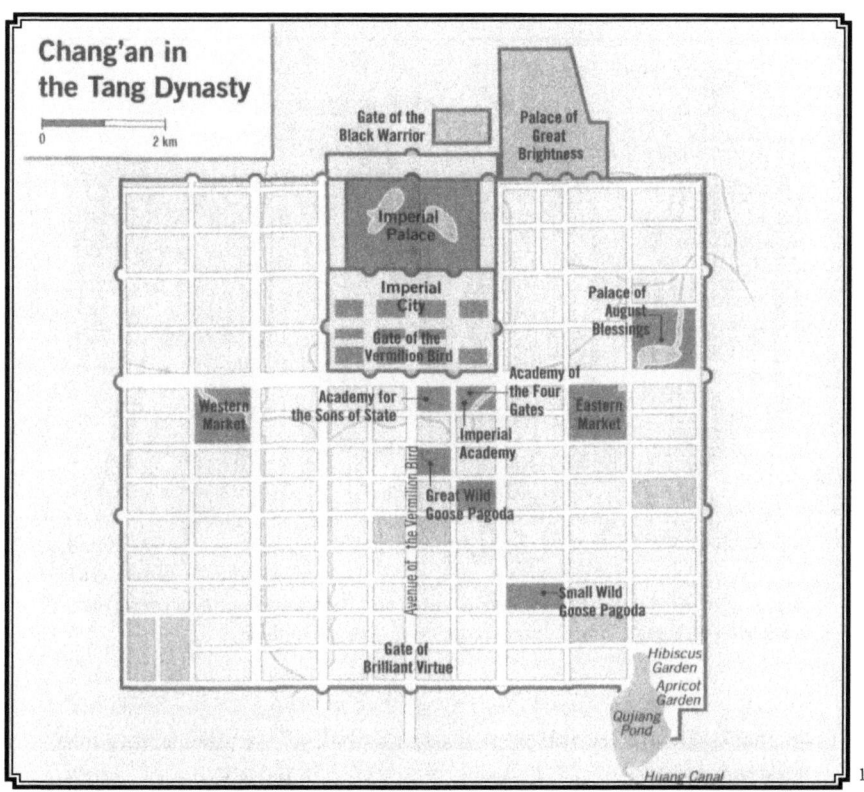

Chang'an in the Tang Dynasty

0   2 km

Gate of the Black Warrior

Palace of Great Brightness

Imperial Palace

Imperial City

Palace of August Blessings

Gate of the Vermilion Bird

Academy of the Four Gates

Western Market

Academy for the Sons of State

Eastern Market

Imperial Academy

Avenue of the Vermilion Bird

Great Wild Goose Pagoda

Small Wild Goose Pagoda

Gate of Brilliant Virtue

Hibiscus Garden

Apricot Garden

Qujiang Pond

Huang Canal

Plan der kaiserlichen Hauptstadt

Als Kaiser Taizong zu Beginn des 7. Jahrhunderts Chang'an zur Kaiserlichen Hauptstadt machte, war sie mit ungefähr zwei Millionen Einwohnern die größte und reichste Stadt der Welt. Die Kaiserstadt Chang'an war quadratisch angelegt und hatte ein Ausmaß von 5,92 Meilen von West nach Ost und 5,27 Meilen von Nord nach Süd. Sie war umgeben von einer riesigen Stadtmauer. Die Mauer selbst bestand aus fest gestampfter Erde, ihre Tore waren aus Holz gefertigt und mit Steinen ummauert.

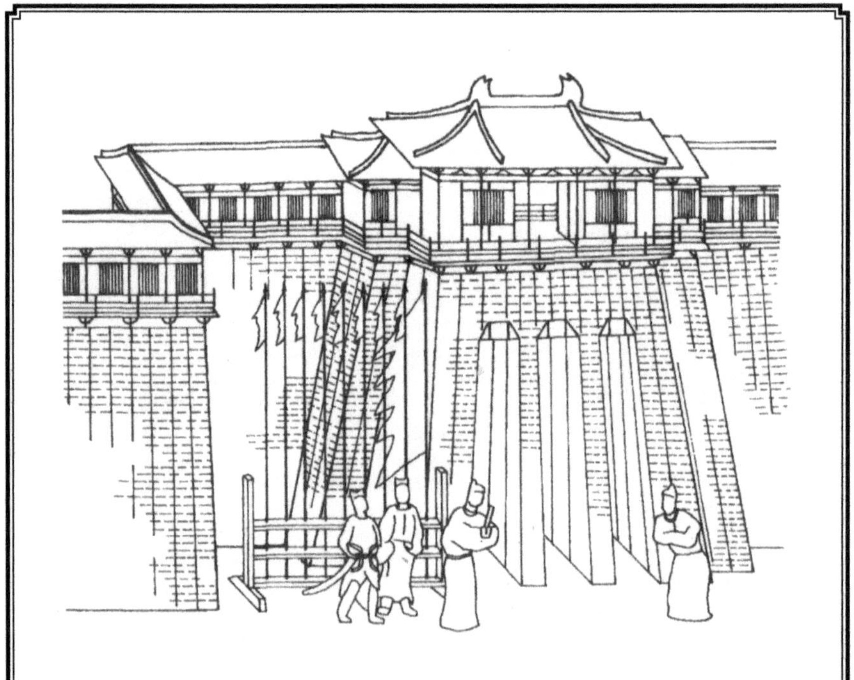

²Zeichnung eines Stadttores mit Turm und Dach nach einem Bild aus der Tang-Dynastie, gefunden in der Grotte 172 in Dunhuang.

Zwölf dieser Tore öffneten sich in die äußere Stadt und fünf in die Kaiserliche Stadt, davon drei von der Stadtmitte aus und zwei von der nördlichen Stadtmauer. Jedes Tor hatte drei Portale. Da während der Tang-Zeit Rechtsverkehr herrschte, kamen Menschen, Tiere und Wagen durch das rechte Tor in die Stadt und verließen es durch das linke Tor. Das mittlere Portal war selbstverständlich nur für kaiserliche und rituelle Prozessionen bestimmt. Die Stadt Chang'an bestand innerhalb der Mauern aus vier Elementen:

1. dem Kaiserlichen Palast, dem später zwei Palastdistrikte hinzugefügt wurden
2. der Kaiserlichen Stadt, in der die Büros der Regierungsbeamten lagen
3. den beiden Märkten (Westlicher und Östlicher Markt)
4. der Wohnstadt, die in quadratische Bezirke aufgeteilt war

Die Kaiserliche Stadt war direkt unterhalb des Kaiserlichen Palastes angelegt; zwischen beiden befand sich ein großer Platz, auf dem der Kaiser die vorgeschriebenen Rituale vollführte. In der Kaiserlichen Stadt lagen nicht nur die Büros der zivilen und militärischen Beamten, sondern auch das Hauptquartier der Palastwache, die Residenz und die Büros des Kronprinzen, der Ahnentempel und der Staatsaltar. Der Kaiserliche Palast und die Kaiserliche Stadt waren von den Wohnungen der Bürger durch eine 33 Fuß hohe Mauer mit noch höheren Toren getrennt. Niemand durfte die Kaiserliche Stadt ohne Erlaubnis betreten. Sogar das Erklimmen einer Anhöhe, um in diese Distrikte zu schauen, wurde mit einem Jahr Freiheitsstrafe geahndet.

Die Stadt der Bürger war in quadratische Bezirke aufgeteilt, die sich zwischen vierzehn west-östlichen und elf nord-südlichen Straßenzügen befanden. Die sechs größten Straßen nannte man die

sechs „Avenuen" von denen die „Avenue des scharlachroten Vogels", welche eine Breite von mehr als 150 Metern aufwies, die Bürgerstadt in eine westliche und eine östliche Hälfte teilte. Zu beiden Seiten der Avenuen wuchsen Bäume und Büsche, hauptsächlich Ulmen, Pagodenbäume und Wacholder, die Schatten spendeten und der Stadt ein elegantes Aussehen verliehen.

Jeder der Distrikte war von einer neun bis zehn Fuß hohen Mauer aus gestampfter Erde umgeben, durch die ein Tor führte. Dieses Tor wurde nachts verschlossen. Das Überklettern der Mauer wurde mit 90 Stockhieben bestraft. Im Jahre 636 begann man mit dem Schlagen von Trommeln am Morgen (2000 Schläge) und am Abend (800 Schläge), immer über einen längeren Zeitraum, damit jeder sich für den Tag bereitmachen oder am Abend pünktlich zu seinem Zuhause zurückkehren konnte. Hunderte von Trommeln bestimmten den Lebensrhythmus der Menschen und inspirierten den Dichter Li He (791-817) zu folgenden Zeilen:

Trommeln im Morgengrauen dröhnen wie Donner, mahnen die Sonne zur Eile.
Trommeln zur Nacht dröhnen wie Donner, rufen den Mond herbei.

3

Glockenturm in Chang'an

Dreihundert Trommelschläge kündigten die Öffnung der Märkte zu Mittag an und ebenso viele die Schließung zur Dämmerung. [4]

Der „**Östliche Markt**" hatte 220 Straßen, die zu beiden Seiten von Kaufhäusern und Läden gesäumt waren. Als durch ein Feuer 12 Straßen niederbrannten, gingen 4000 Geschäfte verloren. Die Hauptstraßen im Marktviertel waren breit, damit Ochsenkarren bequem durchfahren konnten, um Waren zu liefern oder abzutransportieren. Es herrschte hier ein buntes Treiben. Verkaufsstände mit Gebäck und Suppen füllten die Luft mit köstlichem Duft, Musikanten und Sänger unterhielten die Menschen auf kleinen Plätzen. Auch öffentliche Hinrichtungen wurden hier vollzogen und die Köpfe der Toten später zur Abschreckung auf Pfählen zur Schau gestellt. Der Östliche Markt befand sich näher zu den Wohngebieten der Wohlhabenden, und deshalb wurden hier neben einheimischen Produkten auch kostspielige fremde Waren angeboten.

Der „**Westliche Markt**" war die Endstation der Seidenstraße, und hier fand der Austausch zwischen exotischen Waren und einheimischen Erzeugnissen statt. Es gab einen speziellen persischen Basar, der Schmuck aus der ganzen damals bekannten Welt zum Kauf anbot. Daneben wurden aber auch alltägliche Waren verkauft, wie zum Beispiel Maßbänder und Waagen, Zaumzeug und Sättel, einfache Seide und Kleidung, lebendes Geflügel und Reisbrei. Hier waren auch die Straßen der Gemüsehändler, der Metzger, der Gasthäuser und der Bordelle. Und da gab es auch schon eine Bank, in der die Händler Geld, Gold und Silber hinterlegen konnten im Austausch gegen ein Zertifikat, das sie für Transaktionen nutzen konnten. Man könnte es als Vorläufer des Papiergeldes ansehen.

Das Leben in der Stadt wurde geprägt durch die unterschiedlichen Religionen und Glaubensrichtungen, und es gab entsprechend viele religiöse Institutionen. Einige davon dienten den spirituellen Bedürfnissen der in der Stadt lebenden Fremden, die meisten jedoch waren dem Taoismus und dem Buddhismus gewidmet. Der Taoismus galt als die erhabenste Religion, da sich die kaiserliche Familie Li als Nachkommen von Laotse, der höchsten taoistischen Gottheit, ansah. Die Mehrheit der Tempel war deshalb von der kaiserlichen Familie gegründet worden, um glücksverheißende Anlässe zu feiern oder verstorbene Verwandte zu ehren. Obwohl der Taoismus als die offizielle Religion galt, gab es doch fünfmal mehr buddhistische Anlagen in Chang'an. Die meisten Distrikte hatten zumindest einen buddhistischen Tempel, und Pagoden ragten über die übrigen Gebäude gen Himmel.

Das Leben in der kaiserlichen Hauptstadt[5]

Schauspiele

Der interessanteste Zeitvertreib für die kaiserliche Familie, die Höflinge und Besucher waren Vorführungen mit Elefanten. Obwohl damals noch einige der Tiere wild in Südchina lebten, kamen die dressierten Elefanten meist aus Ländern südlich des Tang-Imperiums als Tribut an den Kaiserhof. Sobald sie Chang'an erreichten, wurden jedem Elefanten zwei Wärter zugeteilt, die sich um ihn kümmerten und ihn unter anderem mit Reis, Sojabohnen und Salz versorgten. Da die Tiere nicht an die Kälte im Norden gewöhnt waren, bedeckten die Wärter sie mit Schaffellen und Filztüchern, damit sie nicht froren. Wenn der Kaiser nach ihnen verlangte, insbesondere beim Neujahrsempfang, tanzten die Elefanten und verbeugten sich im Rhythmus der Musik. Erstaunlicherweise gab es auch gezähmte Rhinozerosse, welche die gleichen Darbietungen vollbrachten wie ihre Genossen Dickhäuter. [6]

Die beliebteste und amüsanteste Vorführung war jedoch die der Affen, wahrscheinlich weil ihre Bewegungen und das Herumspringen und Verhalten am meisten dem der Menschen ähneln. Die Affen hantierten geschickt mit Stöcken und Stangen und schlugen verwegene Purzelbäume. Da gab es einen Mann aus dem westlichen China, der ein berühmter Affenbändiger war. Zeitweise hatte er mehr als zehn Tiere unterschiedlicher Größe in seiner Obhut. Es wurde behauptet, dass er den Affen beibrachte zu sprechen, indem er ihnen Quecksilbersulfat verabreichte. Ein weitbekanntes und sehr beliebtes Schauspiel war folgendes: Die Affen, bekleidet mit Hüten und Stiefeln, ritten auf Hunden und trieben dabei ihre Reittiere mit Gerten und Rufen an, während sie von einem Ende der Halle zum anderen galoppierten.

Bei einer anderen Darbietung gaben die Affen vor, total betrunken zu sein und fielen zu Boden. Sämtliche Versuche, sie zum Aufstehen zu bewegen, waren vergeblich, und selbst als der Wärter ihnen zurief, dass ein Straßenaufseher käme, rührten sie sich nicht. Da beugte der Wärter sich zu den Tieren hinab und flüsterte, natürlich so dass das Publikum es verstehen konnte, „Aufseher Hou" (ein allseits gefürchteter Mann) ist im Anmarsch!" Blitzschnell sprangen die Affen mit schreckgeweiteten Augen auf und suchten das Weite.

Der Tanz

Während der Tang-Dynastie war der Tanz von großer Bedeutung, besonders in Adelskreisen. Die kaiserlichen Prinzen erhielten schon in jungen Jahren Tanzunterricht.[7] Auch Soldaten lernten zu tanzen, denn die Übungen sollten ihnen helfen, mit ihren Waffen geschmeidig umzugehen. Der Schwert-Tanz spielte eine besondere Rolle. Man erzählte sich dazu folgende Geschichte:

Der Schwert-Tanz

Im Jahre 620 gelang es einem Rebellenführer, den verdienten Gouverneur, General Li, gefangen zu nehmen. Der Rebellenführer wollte den General gerne in seine eigene Armee aufnehmen, aber dieser weigerte sich und musste somit mit dem Tod rechnen. Seine Untergebenen versorgten ihn vor seiner Hinrichtung mit Essen und Bier. Da sprach er zu ihnen: „Ihr verwöhnt mich mit Delikatessen und beweint meine Schande. Lasst uns ein letztes Mal zusammen zechen!" Als alle ziemlich berauscht waren, wandte sich der General an seine Wachen. „Ich möchte zum Vergnügen aller einen Schwert-Tanz aufführen. Ist da jemand, der mir eine Klinge reichen könnte?" Und wirklich, einer der Wächter brachte ihm ein Schwert. Als der Tanz zu Ende war, sprach General Li: „Wie kann ein großer Mann, der nicht imstande ist, das zu schützen, was er verteidigen soll, noch weiter ehrenhaft leben und atmen in dieser Welt?" Er nahm das Schwert und stieß es sich in den Leib.[8]

Das Bogenschießen, die Jagd, der Sport

In der regierenden Klasse war Bogenschießen ein Zeichen von Männlichkeit und von sozialem Status. Es gab drei Schwierigkeitsstufen: stehend, sitzend und reitend, wobei das Schießen zu Pferde das Schwierigste war. Der Reiter musste die Zügel loslassen und konnte das Pferd nur durch Schenkeldruck lenken. Auch Frauen durften das Bogenschießen erlernen, freilich mehr zum Zeitvertreib als zur Ertüchtigung.

Die Jagd war ein Sport für Aristokraten und Mandarine und wurde mit Passion ausgeführt. Ein Prinz erklärte: „Ich kann drei Tage ohne Essen auskommen, aber keinen Tag ohne zu jagen." Die größten Jagdveranstaltungen waren die des Kaisers. Sie fanden im „Verbotenen Park" nahe der Hauptstadt oder irgendwo in der

Wildnis statt, in der Nähe der Städte, die er gerade besuchte. In jedem Fall begleitete ihn der Hofstaat. Die Männer stellten sich in einer Lichtung auf, und die Treiber scheuchten das Wild in Richtung des Kaisers und seiner Jagdgäste. Taizong schoss einmal vier Pfeile auf eine Rotte Wildschweine und jeder Pfeil traf.

Als Mannschaftssport wurde Polo gespielt, ein Sport, der aus Persien eingeführt worden war. Für die Noblen gab es im Kaiserlichen Park ein Spielfeld und ein weiteres in der Nähe des Palastes. Polospiele wurden vor allem zur Belustigung des Kaisers veranstaltet. Dafür suchten Soldaten talentierte Männer aus und stellten sie zu Teams zusammen. Bei Hof spielten zwei Teams mit jeweils 16 elegant gekleideten Männern, begleitet von Marschmusik, gegeneinander. Im Herrensattel, auf gut trainierten Pferden reitend, schlugen die Reiter mit einem Stock, an dem sich ein halbmondförmiger Kopf befand, auf einen Ball ein mit dem Ziel, ihn in ein rundes Tor zu befördern. Polospiele waren nicht nur den Adligen vorbehalten. Während der Tang-Dynastie durfte jeder, der ein Pferd besaß, Polo spielen, und sogar den Damen war es erlaubt.

9

44

Die Konkubinen der Tang-Kaiser

Konkubinen hatten die wichtigste Rolle für einen mächtigen Mann zu erfüllen, nämlich so viele männliche Nachkommen zu gebären wie möglich. Und weil Ehen ohne Rücksicht auf das Brautpaar von den Eltern arrangiert wurden, sollten Konkubinen dem Mann das schenken, was er wahrscheinlich in seiner Ehe vermisste. Konkubinen galten als persönliches Eigentum des Hausherrn, sie konnten gekauft und verschenkt werden. In mehreren Gedichten der Tang-Dynastie findet sich die Formulierung „eine Konkubine für ein gutes Pferd einzutauschen."[10] Der Kaiser, als wichtigster Mann im Staat, verfügte natürlich über unzählige Konkubinen, die in verschiedene Grade eingeteilt waren. Hätte er mit jeder von ihnen einmal täglich schlafen wollen, so hätte es einen vollen Mondmonat gedauert, nur die Damen der ersten vier Grade zu bedienen. Während die Damen des ersten und zweiten Grades sich hauptsächlich um ihr Äußeres kümmerten und sich in Tanz und Gesang übten, mussten alle anderen Konkubinen tägliche Pflichten erfüllen. Eunuchen waren verantwortlich für das Budget, die Küche und die Pflege von Palast und Garten. Sie teilten die Frauen entsprechend ihres Grades für die unterschiedlichsten Arbeiten ein.

Kaiser Taizong (626-649)
(Oberster Ahnherr)

11

Die Einigung des Reiches

Li Shimins rücksichtsloses Vorgehen um auf den Thron zu gelangen, löste am Hof einigen Schrecken aus, selbst in einem Land und in einer Zeit, in der ein Menschenleben nicht viel zählte. Im Volk verbreitete man deshalb eine Geschichte, welche die Taten des Kaisers verklärte:

Absolution

Bevor Li Shimin sich Taizong (Oberster Ahnherr) nennen konnte, musste er sich vor dem König des Totenreichs für den Mord an seinen Brüdern rechtfertigen. Dort behauptete er, er hätte seine Familie töten müssen, um das Königreich zu retten. Der König des Totenreiches nahm diese Erklärung an und gestattete ihm daraufhin, ins Land der Lebenden zurückzukehren.

Der Anfang seiner Regierungszeit war für Taizong keineswegs leicht. Während er in der Kriegsführung bewandert und erfolgreich war, musste er sich als Regent auf das Wissen der Hofbeamten verlassen und deren Ratschläge befolgen. Aber er lernte schnell und war sich bewusst, dass er auf kompetente Untergebene angewiesen war. Dazu soll er Folgendes bemerkt haben:

„Manchmal bleibe ich bis mitten in der Nacht ohne Schlaf und denke über die Fähigkeiten von verschiedenen Beamten nach. Ich schreibe die Namen auf den Wandschirm und überprüfe sie, indem ich unter ihnen ihre guten Taten notiere. Da ich im Palast isoliert bin, reichen meine Kontakte nicht weit; und so hängen Gedeih und Verderb des Reiches von ihnen ab."

Die folgenden Jahre zeigten, dass Taizong sich zu einem guten Herrscher entwickelte. Einige der Maximen, die ihm zum Vorteil gereichten, waren folgende:

Taizongs Wahlsprüche

Der Herrscher ist abhängig vom Staat, der Staat ist abhängig vom Volk. Unterdrückt man das Volk, um dem Herrscher zu dienen, so ist es, als ob jemand sein eigenes Fleisch abschneidet, um den Magen zu füllen. Dann ist der Magen gefüllt und der Körper verletzt: der Herrscher ist wohlhabend, aber der Staat ist zerstört.[12]

Mit Bronze als Spiegel kann man seine unschickliche Erscheinung verbessern; mit der Geschichte als Spiegel kann man Aufstieg und Fall einer Nation verstehen; mit guten Menschen als Spiegel kann man Richtig von Falsch unterscheiden.

Der Herrscher ist das Schiff und das ihn umgebende Meer das Volk. Im Interesse des Herrschers ist es, Ruhe und Zufriedenheit zu erhalten, um die Stürme eines wütenden Pöbels zu meiden.

Taizong ergriff Maßnahmen, die das Leben des Volkes erleichterten: Die Zwangsarbeit für Bauern wurde verringert, die Steuern wurden gesenkt und landesweit richtete man Getreidespeicher ein, damit in Notzeiten ein Vorrat vorhanden war. Konfuzianismus, Taoismus und Buddhismus wurden gleichermaßen anerkannt, womit der Herrscher sich die Unterstützung aller Bevölkerungsschichten sicherte. Taizong strukturierte die kaiserliche Verwaltung und ließ die Prüfungen zur Auslese der klügsten jungen Männer für den Staatsdienst weiterentwickeln. Junge Beamte erhielten fortan auf Grund ihrer Begabung und nicht nur auf Grund ihrer Herkunft wichtige Stellen im Regierungsapparat. Als neues Fach wurde dem Studium die „Dichtkunst" hinzugefügt. Auch in der Rechtsprechung zeigte sich Kaiser Taizong seinen Untertanen gegenüber zuweilen als ein milder, nachsichtiger Herrscher. Man erzählte sich dazu folgende Geschichte, die bis heute in einem Gedicht von Bai Juyi[13] überliefert ist:

Gnädig

Im Jahre 633 n. Chr. erging vom Kaiser folgender Erlass an das Justizministerium: 390 Gefangene, die zum Tode verurteilt wurden, dürfen noch einmal für ein Jahr nach Hause zurückkehren, um mit ihrer Familie zusammen zu sein. Danach müssen sie freiwillig ins Gefängnis zurückkehren. Alle 390 Männer erschienen pünktlich zum verabredeten Zeitpunkt. Kaiser Taizong war von diesem ehrlichen Verhalten so tief berührt, dass er eine Amnestie erließ.[14]

Während seiner Regierungszeit verpflichtete Kaiser Taizong seine Beamten zu Aufrichtigkeit und Integrität. In solch gesunder sozialer Atmosphäre wurden auch die einfachen Leute aufgeschlossener und richteten ihr Leben nicht mehr ausschließlich nach den strengen Gesetzen des Konfuzius aus. Eine Scheidung war zum Beispiel im alten China ein ungeheurer Gesichtsverlust. Ehepaare gelobten bei der Hochzeitszeremonie zusammenzubleiben, bis dass der Tod sie scheide, und zuweilen folgten die Frauen sogar dem Ehemann ins Grab. Während der Herrschaft Taizongs erlaubte das Gesetz jedoch, dass eine Ehe unter bestimmten Bedingungen geschieden werden konnte. Die einfachste Voraussetzung war: beide Parteien stimmten dem Vorhaben zu; in vielen Fällen blieb es aber das Vorrecht des Mannes. Er konnte folgende Gründe aufführen:

Seine Frau war unfruchtbar und hatte ihm bis zum Alter von 49 Jahren keinen Sohn geschenkt; seine Frau war untreu und betrog ihn mit einem anderen Mann; seine Frau diente nicht gehorsam den Schwiegereltern; seine Frau war eifersüchtig auf Konkubinen; seine Frau redete zu viel und verunglimpfte die Familie; seine Frau beging Diebstahl; seine Frau litt an einer unheilbaren Krankheit.

Es gab nur drei Situationen, bei denen der Mann sich unter keinen Umständen scheiden lassen durfte:

*Die Frau hatte eine 27monatige Trauerzeit für seine Eltern ein-
gehalten; sie hatte in die Familie eingeheiratet, als deren Status noch
bescheiden und arm war, und sie hatte keine Familie, zu der sie
zurückkehren konnte.*

Ein Mann, der sich unter diesen Umständen scheiden ließ, erhielt
als Strafe 100 Stockhiebe und musste die Frau zurücknehmen.[15]
Eine Anekdote aus dieser Zeit erzählt vom friedlichen Auseinan-
dergehen eines Paares und bezeugt die Toleranz der Rechtsprechung.

Friedliche Trennung

*Ein Ehepaar ließ sich scheiden, und der Ehemann legte zu den
Scheidungspapieren folgenden Brief an seine Frau: „Nachdem wir uns
getrennt haben, hoffe ich, dass du nun dein Haar zu einer hübschen
Frisur kämmst, dir schicke Kleidung anziehst und deine Augenbrauen
sorgfältig nachziehst. Präsentiere deine schlanke Figur gekonnt und
heirate einen hohen Beamten. Lass uns die vergangenen unglücklichen
Stunden vergessen. Ich hoffe, dass wir beide erleichtert sind, und dass
unsere getrennten Leben glücklich werden.*[16]

Neben der Stabilität im Innern verschaffte Taizongs Regierung
dem Reich eine gewaltige Gebietserweiterung. Der Kaiser unternahm eine Reihe erfolgreicher Angriffe auf die Mongolei und den
Westen und ließ seine Armeen bis nach Zentralasien und Indien
vorstoßen. Die zu diesem Zeitpunkt erstarkenden Tibeter beruhigte
Taizong, indem er eine seiner Töchter, die hübsche und kluge Wencheng, dem dortigen König zur Frau überließ.

Wenchengs Geschichte

*Im Jahre 640 hielt Songtsen Grampo, der König von Tibet, um die
Hand der Prinzessin an. Er schickte dazu seinen Gesandten Garpa mit
einer Delegation an den Hof von Chang'an, um die Verhandlungen zu*

führen. *Taizong gab der Bitte nach, denn er war sehr darauf bedacht, mit seinen Nachbarstaaten in Frieden zu leben, und eine Verbindung der beiden herrschenden Familien durch Eheschließung war zu Tang-Zeiten ein probates Mittel. Der Kaiser ließ den Hochzeitszug auf das Sorgfältigste vorbereiten. Wenchengs Aussteuer enthielt nicht nur Gold, Seide, Porzellan, Bücher, Musikinstrumente und medizinische Anleitungen, sondern auch Samen und Geräte, welche die landwirtschaftliche Produktion in Tibet ertragreicher machen sollten. Neben all diesen praktischen Dingen brachte die Prinzessin auch Buddha-Statuen nach Tibet, die sie für ihre eigenen Riten benötigte, und die sie auch zur Förderung des buddhistischen Glaubens nutzen wollte. Nach einer zweijährigen beschwerlichen Reise erreichte Wencheng das ferne Land. Fortan lebte sie als Zweitfrau von Songsten Gampo in Lhasa – als Unterpfand für ein harmonisches Verhältnis der beiden starken Völker.[17]*

[18]

Die Söhne des Kaisers

Prinz Cheng-qian

Cheng-qian war der älteste Sohn von Kaiser Taizong und seiner Ehefrau Wende (600-635). Als er acht Jahre alt war wurde sein Vater zum Kaiser ernannt. Sogleich sah man in dem Jungen den künftigen Kronprinzen und bestellte Lehrer, die ihn unterrichten sollten. Cheng-qian jedoch zeigte sich widerspenstig und lehnte nicht nur alles Chinesische, sondern auch jede Art von Erziehung ab. Da er seit Geburt aus unerfindlichen Gründen hinkte, musste er an den höfischen Zeremonien nicht teilnehmen und konnte seine Tage mit den Pferden verbringen. Das gefiel ihm, denn beim Reiten zeigte sich seine Behinderung kaum. Als Teenager fand der junge Prinz das Leben am Hofe nur langweilig, und er bevorzugte deshalb das einfache Leben der Steppenvölker. Dazu umgab er sich mit Gefolgsleuten türkischer Abstammung und kampierte mit ihnen außerhalb der Palastanlagen in selbstgebauten Jurten. Diese schmückte er mit Fahnen, auf denen Wolfsköpfe abgebildet waren, dem Totemzeichen der Turkvölker. Seine Untergebenen mussten ihre Haare zu Zöpfen flechten und sich in Schafsfelle kleiden, um authentisch auszusehen. Man ernährte sich gemeinsam von gegrilltem Schaffleisch, das direkt vom Spieß geschnitten und verzehrt wurde. Dazu schickte der Prinz seine Anhänger in die Stadt, wo sie nach Nomadenart lebende Tiere stehlen mussten. Cheng-qian bestand darauf, dass mit ihm nur Türkisch gesprochen und dass türkische Musik gespielt wurde, nach der er tanzte. Wenn er genug getrunken hatte, brüstete er sich damit, sofort nach der Thronbesteigung nach Zentralasien zu reisen, um dort zu reiten, zu jagen und ein sorgloses Leben zu führen. Schließlich wurde es seinem Lehrer zu bunt, und er hielt dem ungehörigen Zögling eine gehörige Standpauke. Cheng-qian war darüber höchst erbost und befahl zwein seiner Anhänger, in die Hütte des Alten einzudringen und ihn zu töten. Den Auftrag führten die Getreuen jedoch nicht aus. Kaiser Taizong hörte vom ungebührlichen Benehmen seines Erstgeborenen und beauftragte einen neuen strengen Erzieher.

Nun versuchte der Prinz sich bei Hofe besser zu benehmen, aber außerhalb des Palastes behielt er den Lebensstil der Nomadenvölker bei. Man erzählte sich, dass seine Lieblingsbeschäftigung ein Spiel war mit dem Titel *„Beerdigung des Khans"*. Hierbei legte sich Cheng-qian auf die Erde und stellte sich tot. Seine Gefolgsleute ritten in Kreisen um ihn herum und stießen dabei Klagelaute aus, wie es bei einer Beerdigungszeremonie der Nomaden üblich war. Mit seinem jüngeren Bruder Han arrangierte der Kronprinz vermeintliche Schlachten zwischen ihren jeweiligen Anhängern, und die beiden spekulierten laut darüber, welchen Spaß sie haben würden, wenn Cheng-qian Kaiser sein würde und sie ganze Armeen in Gladiatoren-Kämpfe schicken könnten.[19]

Das alles war schon seltsam genug, aber im Jahre 643 begann der Niedergang des vermeintlichen Kronprinzen. Während der Kaiser in Luoyang weilte, überließ er Cheng-qian die Regierungsgeschäfte. Wie vorauszusehen war, genoss dieser seine Freiheit, und anstatt seine Pflichten zu erfüllen, nahm er mehrere Bauprojekte in Angriff, für welche er Bauern von ihren Feldern holte. Abends veranstaltete er wilde Feste im Palast, zu denen Männer und Frauen eingeladen wurden, die dort nichts zu suchen hatten. So geschah es, dass der Kronprinz sich unsterblich in einen dreizehnjährigen Tanzjungen und Sänger verliebte und mit ihm eine heftige Affäre begann. Der Junge, dem er den Kosenamen „Herzensfreude" gab, durfte mit im Palast wohnen, damit sie Tag und Nacht zusammen sein konnten. Das alles wurde Kaiser Taizong zugetragen, und dieser befahl daraufhin, dass der Junge sofort gefangen genommen und enthauptet werden solle. Man warf ihm offiziell vor, er habe die

Sicherheit des Palastes gefährdet und einen schlechten Einfluss auf den Kronprinzen ausgeübt. Der Kaiser hoffte so, seinen Sohn zur Ordnung zu rufen. Doch weit gefehlt.[20]

Cheng-qian war am Boden zerstört und konnte tagelang nichts anderes tun, als an den tragischen Tod seines jungen Geliebten zu denken. Bei den Totenfeierlichkeiten verlieh er dem verstorbenen Freund nachträglich einige Titel. Entgegen dem Rat seiner Mentoren ließ er einen Tempel zu Ehren des Toten errichten, an dessen Nordwand ein Porträt des Jünglings angebracht wurde, und in dem sich tönerne Menschen, Tiere und Wagenmodelle befanden, genauso wie es sonst nur bei Gräbern der Kaiser üblich war. Die Mägde des Prinzen mussten täglich im Morgengrauen und zur Abenddämmerung den Tempel besuchen und sich vor dem Porträt verneigen. Kam der Prinz persönlich zur Gedenkstätte, so wurde er von Trauer übermannt und konnte sich kaum losreißen. Doch nicht genug damit, auch auf dem Gelände des Östlichen Palastes ließ er auf einem Hügel ein Ehrenmal errichten mit einer steinernen Totentafel, in welche er eigenhändig einen Grabspruch eingravierte. Dann sann er auf Rache! Cheng-qian versuchte Verschwörer zu finden, die ihm helfen würden, seinen Vater zu töten. Dazu kam es jedoch nicht, denn bevor der Plan ausgeführt werden konnte, plante schon ein anderer Prinz den Vatermord.

Prinz Zhi

Der zweitälteste der Brüder, Prinz Zhi, befand sich zu diesem Zeitpunkt als eine Art Verwalter auf der Halbinsel Shandong. Da er noch jung war, standen ihm eine Reihe von Lehrern und Helfern zur Verfügung, die ihm die Arbeit abnahmen. So hatte der Prinz viel Freizeit und ließ sich mit Leuten ein, die einen schlechten

Einfluss auf ihn hatten. Unter ihnen befand sich ein Onkel mütterlicherseits, der ihm zuflüsterte, dass sein Vater nur durch den Tod seiner Brüder Kaiser geworden war, und der ihn so auf die Idee brachte, Gleiches zu versuchen. Der Prinz begann heimlich eine eigene private Armee zusammenzustellen. Als einer seiner Lehrer davon erfuhr, reiste dieser umgehend zum Hof, um den Kaiser zu unterrichten und ihn zu bitten, den Prinzen zur Ordnung zu rufen. Prinz Zhi war über den vermeintlichen Verrat so erbost, dass er den Lehrer enthaupten ließ und gleichzeitig noch einen zweiten, der dieses Vorgehen verurteilte.

Doch der Prinz erkannte schnell, dass er unüberlegt gehandelt hatte, und er wusste, dass die schlechten Nachrichten seinen Vater schnell erreichen würden. Es blieben ihm nun nur zwei Möglichkeiten: Entweder er floh oder er kämpfte. Prinz Zhi entschloss sich zur offenen Revolte gegen den Kaiser. Der Aufstand fand ein schnelles Ende, denn als die kaiserlichen Truppen anrückten, verweigerten in Anbetracht dieser militärischen Stärke viele von des Prinzen eigenen Leuten den Dienst. Seine Residenz wurde durch Feuer zerstört, und ihn selbst brachte man nach Chang'an zum Verhör. Taizong war erschüttert und veranlasste eine gründliche Überprüfung der Loyalität seiner Familienangehörigen und Hofbeamten. Einige der für schuldig Befundenen durften privat Selbstmord begehen, etliche andere wurden an die Grenzen des Reiches verbannt. Nun musste wiederum ein Prinz zum Thronfolger ernannt werden. Der Kaiser entschied sich am 30. April 643, für den jüngsten Sohn der verstorbenen Kaiserin, für Gaozong.

Gaozong

Gaozong war zu dieser Zeit ein scheuer junger Prinz von 15 Jahren, der im Palast in großem Luxus aufgewachsen und nicht auf seine neue Rolle als Thronfolger vorbereitet war. Bis zu diesem Zeitpunkt hatte er die äußere Welt niemals betreten und seine Tage nur mit Frauen und Eunuchen verbracht. Nun suchten die Minister auch gleich eine passende Ehefrau für ihn aus. Ihre Wahl fiel auf die Dame Wang, eine Frau aus guter Familie. Leider war die Dame hochmütig und kaltherzig und deshalb bei den Hofangestellten nicht sehr beliebt. Ihr größtes Manko war jedoch, dass sie ihrem Ehemann keinen Sohn gebar. Da entschloss sie sich, mit Einverständnis der Minister, einen der vier Söhne, welche der zukünftige Kaiser schon mit Konkubinen hatte, zu adoptieren und als Thronfolger zu bestimmen.

Gaozong hatte nichts dagegen einzuwenden. Er verbrachte seine Zeit lieber mit den hübschen Konkubinen als mit seiner schwierigen Ehefrau. Bald hatte er eine Lieblingskonkubine, Xiao Liangdi, genannt die *„Reine Konkubine"*, die ihm auch einen Sohn schenkte und nun alles daran setzte, diesen zum Thronerben zu machen.

Kaiser Taizong indessen fühlte sich vom Leben am Kaiserhof, dem Verhalten seiner Söhne und den Ränken der Frauen gelangweilt; sehnsüchtig dachte er an seine früheren siegreichen Feldzüge zurück. Da kamen ihm Nachrichten aus Korea gerade recht. Zum Zeitpunkt (643) des Thronfolgerstreits gab es in Korea drei Königreiche: die Koguryo, die Silla und die Paekche. Gesandte aus dem Norden berichteten von einem blutigen Aufstand im Königreich Koguryo. Dort hatte ein Minister den König ermordet und einen Marionettenregenten auf den Thron gesetzt. Nun drohte das mächtige Koguryo in seine beiden Nachbarkönigreiche einzudringen.

Der Feldzug nach Korea

Taizong plante daraufhin einen Feldzug. Hauptgrund war dabei nicht so sehr, dem Königreich Paekche zu helfen, sondern er wollte noch eine alte Rechnung begleichen. Schon während der Herrschaft der Sui-Dynastie hatte das Reich durch einen erfolglosen Krieg gegen die Koguryo viel Geld und viele Soldaten verloren. Taizong beabsichtigte, sich auf seine Kriegskunst zu verlassen und zu gewinnen. Der Angriff sollte von zwei Seiten erfolgen, nach folgendem Plan: Der Hauptteil seiner Armeen würde den längeren Weg über Land nehmen, das heißt, an der Küste entlang nach Norden ziehen, den Liao-Fluss überqueren, in die umstrittene Halbinsel Liaodong einziehen, dort über den Yalo-Fluss setzen und dann vor den Koguryo-Festungen stehen, welche die Grenze schützten. Eine zweite Streitmacht, bestehend aus 500 Transportschiffen, würde das Gelbe Meer durchfahren und noch vor Ankunft der Armee nahe der Hauptstadt Pyongyang an Land gehen. Taizong hoffte, die Koguryo würden in Panik geraten und schließlich Truppen von den südlichen Unternehmungen abziehen, um ihre Hauptstadt zu verteidigen. Das würde dem Volk der Paekche Zeit

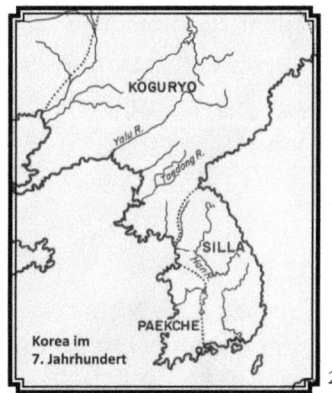

Korea im 7. Jahrhundert

21

geben, sich neu zu gruppieren und einen Gegenangriff zu starten. Die Nachricht von den Vorbereitungen eines Angriffs und die erste Attacke versetzten die Regierung in Pyongyang in solchen Schrecken, dass sie Boten zu Kaiser Taizong schickten mit dem Angebot, sich für tributpflichtig zu erklären. Der Kaiser jedoch wollte den Sieg, und er wollte selbst mit dabei sein. Gegen Ende des Jahres 644 ließ Taizong deshalb einige vertrauenswürdige Männer am Hof in Chang'an zurück und machte sich mit der Armee auf den langen Weg zur Küste. Seinen Sohn Gaozong, den er gerade zum Thronerben ernannt hatte, nahm er mit, denn er hoffte, mit diesem Feldzug dem verwöhnten Prinzen Geschmack am militärischen Leben zu vermitteln. Im Laufe der Zeit stellte sich heraus, dass trotz einiger kleinerer Siege Pyongyang nicht erobert werden konnte. Ein schwerwiegender Grund war, dass zwei verdiente Generäle in den Westen ziehen mussten, da die Turkstämme im Hinblick auf die koreanische Niederlage zu revoltieren begannen.

Kaiser Taizong musste sich geschlagen geben. Im Alter von nun 50 Jahren empfand er keine Lebensfreude mehr, zumal die letzten zehn Jahre ihm viele Enttäuschungen gebracht hatten. Der Tod seiner geliebten Ehefrau Wende, die Verschwörungen der Prinzen und schließlich der missglückte Feldzug forderten ihren Tribut. Zu allem kamen noch körperliche Leiden, bedingt durch die Unbequemlichkeiten und das schlechte Wetter auf dem langen Rückweg aus Korea, und die Nachwirkungen seiner Vergiftung in jungen Jahren.

Die Pferde

Die schlechte gesundheitliche Verfassung verbot es dem Kaiser zu reiten, und Taizong musste sich von seinen geliebten Kriegspferden trennen. Purple Storm, Red Stripe, Valiant, Black Piebald und Whitefoot Raven hatten ihn seit seiner Jugend begleitet und durch viele Schlachten getragen; ihre Narben zeugten von ihrem Kampfesmut. Der trauernde Kaiser schrieb für jedes seiner Pferde ein Gedicht und gab mehrere steinerne Wandtafeln mit der Darstellung seiner geliebten Rösser in Auftrag. Dazu kam noch das Abbild seines verstorbenen Pferdes Tan Fist, welches unter ihm, getroffen

Tele (Gelblich-weißes Schlachtross)

von neun Pfeilen, während einer Schlacht vor langer Zeit zusammengebrochen war. Die Bilder der Pferde erhielten einen Ehrenplatz am *„Tor des Schwarzen Kriegers"*, am Nordeingang seines Palastes.[22]

Buddhismus zur Zeit der Tang-Dynastie

Der Buddhismus, ursprünglich in China eine fremde Glaubensrichtung, befand sich zur Zeit der Tang-Dynastie auf seinem Höhepunkt. Eingeführt schon rund 400 Jahre früher, gegen Ende der Han-Dynastie, hatte sich die indische Religion allmählich im ganzen Land ausgebreitet und größeren Einfluss erreicht als jede andere Religion zuvor. Nun war der Buddhismus zwar die Religion des Volkes, dennoch wurden die Lehren des Konfuzius weiterhin befolgt und alte Traditionen beibehalten. Man verehrte die Ahnen und sah den Kaiser als Mittler zwischen Himmel und Erde. Kaiser Taizong zeigte sich fremden Religionen gegenüber sehr aufgeschlossen. Das Christentum wurde durch Mönche aus Syrien verbreitet, persische Flüchtlinge brachten ihren eigenen Glauben mit, und die Muslime bauten in Chang'an eine große Moschee. Mit zunehmendem Alter fühlte sich Taizong verstärkt zum Buddhismus hingezogen, und er kontaktierte den zu dieser Zeit berühmtesten Mönch, den weitgereisten und gelehrten Xuanzang.

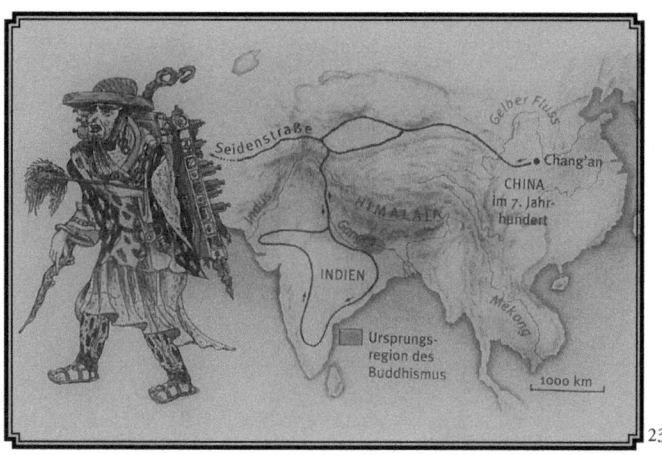

23

Xuanzangs Geschichte

Im Jahre 629 hatte Xuanzang als junger Mönch die Hauptstadt verlassen, um in Indien die heiligen buddhistischen Schriften zu studieren und zu sammeln.

Nun kehrte er im Frühjahr 645 nach 26 Jahren als erfahrener Mann von seiner weiten Reise zurück. Seine Gefühle mögen zu diesem Zeitpunkt gemischt gewesen sein, denn er dachte immer daran, dass er ohne die Erlaubnis des Kaisers bei Nacht und Nebel Chang'an verlassen hatte. Je näher er zur Grenze des Tang-Reiches kam, umso beunruhigter wurde er. Er überlegte, ob er Kaiser Taizong seine Ankunft mitteilen sollte und ihm versichern, dass er als ein gehorsamer Untertan ins Reich zurückkehrte. Schließlich entschied er sich zu handeln. Einem jungen Mann aus der Oase Turfan gab er ein Schreiben an den Kaiser mit, in dem er von seiner Reise berichtete. Nach sieben Monaten erhielt er endlich die Antwort des Herrschers. Taizong zeigte sich erfreut über die Rückkehr des Mönchs und hatte schon die Autoritäten in Kothan und anderen Regionen beauftragt, ihm eine Eskorte und Pferde zum Transport der Schriftrollen zur Verfügung zu stellen.

So machte sich Xuanzang auf die Heimreise, und als er in Chang'an ankam, wurde er von einem hohen Offizier ehrenvoll empfangen, da der Kaiser sich zu diesem Zeitpunkt auf einem Feldzug im Nordwesten des Landes befand. Die Nachricht von der Ankunft des heiligen Mannes verbreitete sich in Windeseile, und bald waren die Straßen der Hauptstadt voller aufgeregter Menschen, welche die prächtige Karawane bestaunten, denn eindrucksvoll war sie. Die Pferde trabten schwer beladen daher, da der Mönch nicht nur Knochen als Reliquien brachte, sondern auch sieben Buddha-Statuen aus Sandelholz, Silber und Gold, dazu 657 Bücher, die in 520 Kisten verpackt waren.[24]

Vom Treffen zwischen Kaiser Taizong und Xuanzang wird Folgendes berichtet:

Erste Begegnung
Der Kaiser fragt: „Warum hast du Chang'an ohne Erlaubnis verlassen?" Entschuldigend erklärt Xuanzang: „Während ich meine Reise vorbereitete, habe ich mehrere Petitionen an den Hof geschickt, aber nie eine Antwort erhalten. Da es aber mein sehnlichster Wunsch war, das Gesetz zu studieren, machte ich mich ohne Genehmigung auf den Weg, wofür ich um Entschuldigung bitte."

Darauf sprach der Kaiser: „Als Mönch gelten für dich andere Gesetze als für normale Bürger. Ich bin hocherfreut, dass du die Schriften gesucht hast und dein Leben aufs Spiel setztest zum Wohle des ganzen Volkes. Erzähle mir nun von der Reise. Ich möchte alles über die Geschichte und Gebräuche der Völker Zentralasiens und Indiens hören, wie ihre Herrscher sind, was produziert wird, welches Klima herrscht usw."[25]

Während seiner Reise hatte Xuanzang zwar kein Tagebuch geschrieben, doch er verfasste nach seiner Rückkehr einen zusammenhängenden Bericht über jene Länder, die er auf seinen Reisen durchwandert hatte. Der Bericht trug den Titel *„Aufzeichnungen über die Westlichen Gebiete aus der Großen Tang-Dynastie".[26]*

Kaiser Taizong war an diesen Aufzeichnungen sehr interessiert und suchte immer wieder das Gespräch mit dem Mönch, auch um die Lehren Buddhas zu diskutieren. Er gestand Xuanzang, dass es ihm leid tue, die meiste Zeit seines Lebens mit politischen und militärischen Aufgaben verbracht zu haben.

„*Es ist sehr schade, dass ich Euch so spät begegnet bin und nicht mehr für die Verbreitung des Buddhismus tun konnte, aber ich werde ihn an die erste Stelle aller Geisteshaltungen stellen, vor den Konfuzianismus, den Taoismus und andere Philosophien.*"

Die Auseinandersetzung mit dem Buddhismus war Taizongs Alter und Gesundheitszustand geschuldet, denn niemand hatte bis zu diesem Zeitpunkt ein Lebenselixier gefunden, und da auch ein Kaiser sterben muss, erschien eine Wiedergeburt verlockend.

TEIL IV

WU ZHAO UND TAIZONG
(625-650)

Wu Zhaos Familie und Kindheit

Der Brunnen der Familie Wu
Als Wu Shiyue, der Vater von Wu Zhao, ein junger Mann war,
begann ein eingetrockneter Brunnen auf dem Gelände seiner Familie
plötzlich wieder Wasser zu speien. Dieses Phänomen verhieß in der
Vorstellung der Bürger ein freudiges Ereignis. In den Jahren vor Wu
Zhaos Geburt füllte der Brunnen sich weiter, und das Wasser lief über
den Rand, bis es schließlich so viel war, dass sich ein kleines Bächlein
bildete, welches in den nahegelegenen Fluss rann. Dieses Geschehen war
äußerst bemerkenswert, und die Leute im Dorf sangen daraufhin „Der
Brunnen der Wus füllt sich, ein Weiser wird daraus entspringen."[1]

Zu dieser Zeit regierte im Reich der Mitte noch die Sui-Dynastie unter Kaiser Yangdi, dem zweiten Sui-Herrscher. Dieser Kaiser
führte, wie schon erwähnt, ein Leben im Überfluss. So liebte er es,
auf Reisen zu gehen, und ließ sich überall dort, wo er öfters weilte,
einen eigenen Palast erbauen. Für diese Bauten wurden große Men-
gen Holz benötigt und Wu Shiyue, der Vater von Wu Zhao, nutzte
die Gelegenheit: Er wurde Holzhändler und erlangte Reichtum.
Geld war jedoch im feudalen China nicht mit Status gleichzuset-
zen, und Händler wurden nicht hoch angesehen. Damals gab es
vier Klassen oder Stände. Zur ersten Klasse gehörten die „*Gelehrten*", nebst Höflingen und Beamten. Bauern bildeten die zweite
Klasse, da sie die Nahrung für das Volk besorgten. Zur dritten
Klasse gehörten Handwerker und Arbeiter, die sich um die Dinge
des täglichen Lebens kümmerten. Kaufleute gehörten zur vierten
und letzten Klasse, da sie nichts produzierten; man sagte, sie verdienten ihr Geld durch die Anstrengungen der anderen.

Wu Shiyue gehörte, obwohl zu Wohlstand gekommen, zur letzten Klasse, aber er war ehrgeizig und intelligent. Um seinen sozialen

Status zu verbessern, trat er in die Armee ein. Hier machte er schnell Karriere und wurde General im Dienst von Li Yuan. Die beiden Männer freundeten sich an, sie diskutierten Staatsangelegenheiten und planten schließlich den Umsturz und Fall der Sui-Dynastie. Für seine Rolle in den Kriegen, welche zur Gründung der Tang-Dynastie führten, erhielt der ehemalige Holzhändler mehrere militärische Statthalterschaften.

Während Wu Shiyue auf Feldzügen unterwegs war, traf ihn ein schwerer persönlicher Verlust: Seine Ehefrau und zwei seiner vier Söhne wurden plötzlich durch eine Epidemie dahingerafft. Glücklicherweise hatten zwei Söhne überlebt, und somit war die Notwendigkeit der konfuzianischen Doktrin erfüllt, die verlangte, dass nach dem Tod von Angehörigen männliche Erben die Ahnenopfer ausführen und den Familiennamen weitertragen mussten. Als Kaiser Gaozu (vormals Li Yuan) von dem tragischen Verlust seines Feldherrn hörte, beschloss er, eine neue Ehefrau für ihn auszusuchen. Die Wahl fiel auf Yang Da, die Tochter eines verdienten Ministers aus der Sui-Dynastie. Obwohl Dame Yang, die neue Ehefrau, schon über vierzig Jahre alt war, schenkte sie Wu Shiyue noch drei Töchter. Zur Zukunft dieser Mädchen erzählte man sich im Volksmund folgende Geschichte:

Die Vorhersage
Eines Tages wurde der berühmte Wahrsager mit Namen Yuan Tian Gang[2] von Kaiser Taizong in die Hauptstadt gerufen. Auf dem Weg dorthin kam er auch durch Lichow, wo Wu Shiyue zu dieser Zeit Gouverneur war. Herr Wu Shiyue hörte von dem weisen Mann und schickte seine Leute zu ihm mit der Bitte, zu seinem Haus zu kommen und die Zukunft seiner Familienmitglieder zu deuten.
Yuan folgte der Einladung gerne. Angekommen studierte er aber nur die Gesichter der Anwesenden.[3] Zu Wus Frau sprach er: „Herrin,

Ihr habt einen Sohn mit einer großen Zukunft." Gouverneur Wu war sehr erstaunt, hatte er doch mit seiner jetzigen Frau gar keinen Sohn. Schnell schickte er nach den beiden Söhnen seiner verstorbenen ersten Gemahlin. Yuan studierte sorgfältig auch deren Mienen und erklärte dann: *„Diese beiden Jungen können Staatsbeamte werden, aber ihnen droht ein gewaltsamer Tod."* Shiyue kannte seine Söhne sehr gut; sie waren faul, lernten nicht und zeigten keinerlei Talent, so fiel es ihm schwer, sie sich in gehobener Position vorzustellen. Schließlich schickte der Gouverneur nun auch nach seinen beiden Töchtern von der neuen Frau. Zu dem älteren Mädchen sagte der Wahrsager: *„Sie wird in eine adlige Familie heiraten, aber die Ehe wird ihrem Gatten Unglück bringen."* Dann schaute Yuan auf das Baby, welches so dick in Tücher gewickelt gebracht wurde, dass man nicht erkennen konnte, ob es ein Junge oder ein Mädchen war. Erstaunt rief der Wahrsager aus: *„Wenn das ein Junge ist, wird er einen hohen, machtvollen Rang in der Regierung bekleiden, ist es aber ein Mädchen, so wird sie eines Tages unser Land regieren!"* [4]

Wu Zhao, das Wickelkind, wuchs in ihrer Familie zum fröhlichen Mädchen heran, und als sie fünf Jahre alt war, begann ihre schulische Erziehung. Ihre Mutter, eine gebildete Frau, unterrichtete das Kind in Musik und Kunst. Im Alter von acht Jahren studierte Wu Zhao die chinesischen Klassiker und Kalligraphie und lernte die höfische Etikette; ihre Lieblingslektüre waren Geschichtsbücher. Wie alle Mädchen ihres Standes malten, musizierten und tanzten die drei Schwestern und freuten sich ihres Lebens. Wu Zhao galt als besonders intelligent, willensstark und außerordentlich hübsch.

Doch im Jahre 635, als Wu Zhao elf Jahre alt war, änderte sich plötzlich das glückliche Leben der Familie. Gaozu, der erste Kaiser der Tang-Dynastie, verstarb, und als Wu Shiyue die schlechten Nachrichten erhielt, erkrankte er ebenfalls. Noch im gleichen Jahr

war auch seine Lebenszeit abgelaufen, und für seine Witwe und die Mädchen begann eine schwierige Zeit. Entsprechend der Tradition erbten die beiden Söhne aus des Mannes erster Ehe seinen gesamten Besitz. Fortan war die ungeliebte Stiefmutter mit den Stiefschwestern auf die Zuwendungen der beiden Erben angewiesen.[5]

Als Konkubine am Kaiserhof

Im Jahre 638 hörte Kaiser Taizong von dem bildhübschen Mädchen Wu Zhao und berief es an seinen Hof. Sie war damals gerade 14 Jahre alt nach chinesischer Rechnung, beziehungsweise 13 Jahre nach westlicher Rechnung.[6] Dame Yang, die Mutter, war über diese Entwicklung keineswegs glücklich, denn sie sah für ihre Tochter keine große Zukunft am Kaiserhof. Es war ihr bekannt, dass der Kaiser erst kürzlich seine erste Ehefrau, die Kaiserin Wende, verloren hatte, und dass er mit ihr und seinen vielen Konkubinen bereits 14 Söhne als potentielle Nachfolger besaß. Was sollte ein junges Mädchen da noch ausrichten? Wu Zhao würde auf der untersten Stufe in der Hierarchie der Damen eingeordnet werden.[7]

Jonathan Clements[8] schildert die Situation zur Zeit Wu Zhaos folgendermaßen: An erster Stelle stand die Kaiserin-Mutter der Erben, es folgten Nebenfrauen und Konkubinen, deren Stellung hierarchisch festgelegt war:

1. Grad: 4 Nebenfrauen
Die Noble, die Reine, die Tugendhafte, die Gute
2. Grad: 6 Ehrenwerte Nebenfrauen mit Namen wie
Strahlende Tugend, Leuchtende Erscheinung, Kultivierte Schönheit...
3. Grad: 9 Elegante Damen
4. Grad: 9 Schönheiten

5. Grad: 9 Talentierte (Wu Zhao ist eine von ihnen)
6. Grad: 9 Schätze
7. Grad: 9 Damen
8. Grad: 9 Gehorsame

Wu Zhao aber teilte die Bedenken ihrer Mutter nicht. Sie erklärte: „An den Hof gerufen zu werden und in der Gegenwart des Himmelssohns zu leben, wie kann das traurig sein?"

Hofdamen zu Diensten des Kaisers [9]

Begegnung mit Kaiser Taizong

Und der Kaiser war von dem Mädchen entzückt, nannte es „Die schöne Wu" und nahm es in den Rang der Talentierten (5. Grad) auf. Das intelligente Mädchen Wu Zhao war gelehrig und vorausschauend; sie machte sich von Anfang an die Eunuchen zu Freunden und nutzte jede Gelegenheit, dem Kaiser nahe zu kommen. Der Legende nach soll das folgende Zusammentreffen den Ausschlag für ihr zukünftiges Verhältnis bestimmt haben.

Pferdefreunde
Eines Tages trafen sich der Kaiser und Wu Zhao auf der Pferde-
koppel und die junge Frau scheute sich nicht, mit dem Herrscher ein
Gespräch über Pferde zu führen. Zu dieser Zeit besaß Taizong ein
Pferd mit Namen Shizicong (scheckiger Löwe), das so wild war, dass
niemand es zähmen konnte. Wu Zhao brüstete sich: „Ich kann den
Hengst zähmen, dazu brauche ich aber drei Dinge: eine metallene
Peitsche, eine eiserne Gerte und einen Dolch. Taizong war verwundert
und fragte, weshalb sie gerade diese Dinge haben wolle. Das Mädchen
antwortete: „Ich werde ihn peitschen, und wenn das nicht hilft, mit
der Gerte auf seinen Nacken schlagen, und wenn er immer noch nicht
pariert, werde ich ihm mit dem Dolch die Kehle durchschneiden"[10]

Der Kaiser amüsierte sich über die angriffslustige Art der jungen Dienerin, denn sie entsprach keineswegs dem Verhalten der anderen Damen.

Während der folgenden Zeit versah Wu Zhao ihren Dienst gemäß ihrem Rang, wobei sie stets darauf achtete, ein gutes Verhältnis zu den Hofdamen aufzubauen und zu pflegen.

Gegen Ende der Regierungszeit von Kaiser Taizong erschien plötzlich der Stern Venus tagsüber strahlend am Firmament. Als sich das Phänomen mehrere Tage hintereinander wiederholte, wurde das Volk unruhig. Die Astronomen sprachen von einem bösen Vorzeichen, und in den Teehäusern munkelte man, in der dritten Tang-Dynastie werde eine weibliche Herrscherin, genannt *„Kriegerischer Prinz"* (Wu Wang) die Kontrolle im Kaiserreich übernehmen.

Dem Kaiser kamen diese Gerüchte zu Ohren und er entschloss sich, ihnen nachzugehen. Eines Tages lud er die Männer seiner Garde zu einem gemeinsamen Mahl ein, und nachdem der Weinkrug mehrmals die Runde gemacht hatte, fragte er beiläufig, wie der Geburtsname eines jeden sei. Einer der Generale erklärte lachend: „Ich lebte in einem Ort namens „Wu", und man nannte mich immer *„Wu Niang"*, was so viel wie *„Fünftes Mädchen"* bedeutet."

Der Kaiser war erstaunt und meinte: „Was für ein Mädchen warst du denn, du mutiger, starker Kerl?", worauf alle lachten. Im Geheimen aber dachte der Herrscher. „Das könnte derjenige sein, der die Macht ergreifen will." Er ließ sich nichts anmerken, aber wenige Tage später wurde der General überraschend in die Provinz versetzt, wo er unter Beobachtung stand. Als er dort einige Male einen Mann aufsuchte, dem magische Kräfte nachgesagt wurden, meldete man dem Kaiser, der General plane eine Verschwörung. Das war Grund genug, ein Todesurteil auszusprechen.

Dennoch blieb Taizong unsicher und wandte sich an den Hof-Astrologen. Dieser sagte: „Majestät, ich habe die Omen im Himmel ebenso wie die Zeichen auf Erden in Betracht gezogen und muss sagen, dass derjenige, um den es sich handelt, sich schon heute am Hofe befindet.

In mehr als vierzig Jahren, vom jetzigen Zeitpunkt an, wird er das Reich regieren und das Haus der Tang fast vernichten. Die Vorzeichen sagen, das kann nicht verhindert werden." Da gab Taizong es auf, weiter nachzufragen. Die Möglichkeit, dass eine Frau auf den Kaiserthron kam, lag außerhalb seiner Verstellungskraft.[11]

Der kranke Kaiser und sein Kronprinz

Nach der Rückkehr vom koreanischen Feldzug brauchte Kaiser Taizong zwei Jahre, um zu sterben. Sein Interesse an den Staatsangelegenheiten bestand zwar weiterhin, aber immer öfter blieb er den kaiserlichen Sitzungen fern. Gegen Ende des Jahres 648 war der Kaiser schließlich bettlägerig und auf ständige Hilfe angewiesen. Spätestens zu diesem Zeitpunkt spielte Wu Zhao eine wichtige Rolle in seinem Leben, denn sie war die Hilfe, die er ständig um sich haben wollte. Sie hatte ja schon als junges Mädchen das Auge des Regenten erfreut und ihn mit ihrer burschikosen Art mit Pferden umzugehen beeindruckt. Als Kammermädchen und inoffizielle Krankenschwester konnte sie ihn nun täglich sehen und ihren Einfluss geltend machen. Minister wurden nicht mehr vorgelassen, die übrigen Diener waren anderweitig eingesetzt, und nur der Kronprinz Gaozong verbrachte viele Stunden am Bett des Kranken. Da war es unausbleiblich, dass sich das hübsche Kammermädchen und der junge Kronprinz kennenlernten.

Wu Zhao war zu diesem Zeitpunkt 22 Jahre alt. Ihre äußere Erscheinung unterschied sich auffällig von den sorgfältig geschminkten und mit Schmuck behängten Damen des Hofes. Als Krankenschwester benutzte sie kaum Kosmetik, trug einfache Kleidung, strahlte Natürlichkeit aus und zeigte sich besorgt um das Wohlergehen des Kaisers. Während der langen eintönigen

Krankenwachen kamen sich die beiden jungen Menschen näher und verliebten sich ineinander. Folgende Episode wird berichtet:

Ein Versprechen

Eines Tages besuchte der Kronprinz die Toilette, und als er heraus-kam, kniete Wu Zhao im Vorraum mit einer Schüssel Wasser, damit er sich die Hände waschen konnte. Unbeabsichtigt verspritzte er etwas davon und bemerkte lächelnd: „Klares Wasser hat deinen Puder ver-wischt." Wu Zhao antwortete flirtend: „Ich akzeptiere die Gunst des Himmels, der Regen und Nebel spendet." Diese Bemerkung war zwei-deutig und konnte als eine Einladung zum Beischlaf angesehen werden.

Und so ist es wohl auch gekommen, denn weiter heißt es:

Nach dem Zusammensein mit Gaozong schmiegte sich Wu Zhao an den Prinzen und brach in Tränen aus. Sie klagte, sie fühle sich schuldig, weil sie die Loyalität zu dem sterbenden Herrscher verletzt und mit dem Kronprinz Unzucht begangen habe. Man würde, sobald das bekannt wäre, sie als Sünderin und Kriminelle bestrafen. Gaozong tröstete die Unglückliche, nahm seinen Gürtel ab und schenkte ihn ihr als Unterpfand. Dabei versprach er ihr, sie später zu seiner Frau zu machen. [12]

Wu Zhao konnte nicht sicher sein, ob dieses Versprechen je ein-gelöst werden würde, denn schließlich war sie ja nur eine Konku-bine 5. Grades.

TEIL V

WU ZHAO UND GAOZONG
(650-655)

Tod des Kaisers Taizong

Auch während seiner letzten Tage suchte Kaiser Taizong immer wieder das Gespräch mit dem Mönch Xuanzang, um die Lehren Buddhas zu diskutieren. Am 12. Tag des fünften Monats im Jahre 649 klagte Taizong über Kopfschmerzen und bat den Mönch, die Nacht im Palast zu verbringen. Einen Tag später verstarb der verehrte Kaiser.

Taizong hatte seine Begräbnisstätte genauestens ausgesucht und geplant. Ungefähr eine Stunde Fahrt in nordwestlicher Richtung von Chang'an entfernt bestimmte er einen 1200 Meter hohen Berg zu seinem Grabhügel. Hier entstand **Zhaoling**, sein Mausoleum, welches Modell wurde für die Grabanlagen späterer Tang-Kaiser. Nach chinesischer Vorstellung lebte der Geist des Verstorbenen weiter, und deshalb musste ihm die Grabausstattung einen standesgemäßen Aufenthalt im Jenseits sichern. Um den Eingang des Grabes entstand eine Stadt, die Chang'an glich – umgeben von dreifachen Mauern, ausgestattet mit Wachttürmen. Innerhalb dieser Geisterstadt befanden sich Opferhallen und Tempel, daneben Wohnhäuser für die Mutter des Kaisers und ihren Hofstaat, sowie Unterkünfte für die Bediensteten. Das Mausoleum wurde mit den Steintafeln der Lieblingspferde des Kaisers geschmückt. Das erste Paar zeigte die Pferde gehend, das zweite trabend und das dritte galoppierend – so als ob sie sich bewegten. Weiterhin gab es leuchtende Wandmalereien mit Szenen aus dem täglichen Leben am Hofe. Die Damen verkörperten in ihrer Rundlichkeit das Schönheitsideal ihrer Zeit; sie waren modebewusst geschmückt und ausgefallen frisiert. Zahlreiche Darstellungen bezeugen die hohe gesellschaftliche Stellung der Frau zur Tang-Zeit.

Im Kloster Ganye

Nach dem Tode des Kaisers siedelten alle Frauen, die Taizong ein Kind geschenkt hatten, umgehend in einen abgeschlossenen Teil der Palastanlage um; dort verbrachten sie als *„ehrenwerte Person"* den Rest ihres Lebens. Alle Konkubinen, die dem Kaiser keine Kinder geboren hatten, mussten ins Kloster gehen, denn es war ihnen nicht erlaubt, ein öffentliches Leben zu führen oder einem anderen Mann zu gehören. Wu Zhao wurde zusammen mit mehreren Nebenfrauen und hunderten Konkubinen ins nahegelegene Ganye-Kloster verbannt und dort als Nonne beschäftigt. Zuerst schor man den Frauen den Kopf und ließ sie in einfache Gewänder schlüpfen. Anschließend wurden sie mit den Regeln des Klosters bekannt gemacht und zu unbedingtem Gehorsam verpflichtet. Auch Wu Zhao musste die folgenden Klosterregeln beachten:

1. *Es dürfen keine lebenden Kreaturen getötet werden (alle Nonnen und Mönche sind Vegetarier).*
2. *Diebstahl ist verboten, ebenso der Wunsch nach Geld und kostbarer Kleidung.*
3. *Es gibt keine Ehe und keine unkeuschen Gedanken.*
4. *Geschwätz und üble Nachrede sind verboten (Nonnen und Mönche sollen sich von weltlichen Dingen fernhalten).*
5. *Es darf kein Alkohol genossen werden, und der Besuch einer Weinstube ist unerlaubt.*
6. *Kein Fleisch wird gegessen und weder auf einem Pferd geritten noch in einer Kutsche gefahren.*
7. *Man darf nicht in den Spiegel schauen, keine Schminke verwenden, nicht laut sprechen oder lachen, keine Instrumente spielen, weder tanzen noch beim Gehen herumschauen.*
8. *Weder darf man Zauberei noch Wahrsagerei erlernen, weder plaudern noch politische Ereignisse kommentieren.*

9. Man darf keine Kleider in der gleichen Farbe wie Männer tragen, darf nicht mit Männern zusammensitzen und keinen Kontakt mit der Welt außerhalb des Klosters pflegen.
10. Es ist verboten zu fluchen, schlecht von anderen zu reden, zu prahlen, zu flirten oder mit gekreuzten Beinen zu sitzen.[1]

Dieses neue Leben war äußerst schwer und langweilig. Wu Zhao, in der Blüte ihrer Jahre, grämte sich und glaubte schon, Gaozong habe sie vergessen. Doch die Erlösung kam schneller als erwartet.

Kaiser Gaozong
(649-683)

Gaozong, der neue Regent

Gaozong war ein gläubiger Buddhist, und er versuchte das Werk seines Vaters Taizong fortzusetzen. Großzügig unterstützte er deshalb auch den Mönch Xuanzang bei seinen Übersetzungsarbeiten und ließ zwei Klöster in Chang'an errichten. Da bat ihn Xuanzang, auf dem Gelände des ersten Klosters ein Gebäude bauen zu lassen, in dem die Schriften und Bilder, die er aus Indien mitgebracht hatte, aufbewahrt werden könnten. Nachdem Kaiser Gaozong das erlaubt hatte, kümmerte Xuanzang sich selbst um die Ausführung. Er schlug vor, ein mehrstöckiges Gebäude aus Stein zu errichten, ähnlich denen, die er in Indien gesehen hatte, denn im Gegensatz zu chinesischen Tempeln, die aus Holz bestanden, würden die Schriften in einem gemauerten Haus vor Feuer geschützt sein. Und so entstand die erste „Wildganspagode" ein fünfstöckiger Turm in indischem Stil. Die Bauzeit betrug zwei Jahre, und es heißt, Xuanzang habe sogar beim Bau geholfen und eigenhändig Steine geschleppt.

Um die Große Wildganspagode ranken sich einige Legenden. Die folgende passt aber am besten zu dem großen Pilgermönch.

Wildgänse

Xuanzang musste auf seinem Weg zur Oase Hami[3] die fast 300 Meilen lange, gefährliche Wüste „Gashun Gobi" durchqueren. Es war eine Wüste, in welcher der Untergrund nicht hart, sondern kieselartig war, und in der sich Wanderdünen, ähnlich den Wogen des Meeres, ausbreiteten. Einheimische nannten sie deshalb „Sandfluss". In dieser unwirtlichen Landschaft befand sich eine Gegend, in der es weder Vögel noch Tiere, weder Gras noch Wasser gab. Heiße Sandwehen verwischten die Pfade, und der Mönch musste mit seinem klapprigen Pferd einige Umwege machen. Schließlich bemerkte er, dass er sich

verirrt hatte und dass er sein Ziel „Die Quelle der Springenden Pferde"
nicht erreichen würde.

Voller Panik griff er nach seiner Wasserflasche, doch die rutschte
ihm aus den Händen und sein ganzer Vorrat versickerte im Sand.
Nun hatte er nichts mehr zu essen und zu trinken. Da verdunkelte sich
plötzlich der Himmel, eine Schar Wildgänse schob sich vor die Sonne,
und aus ihrer Mitte fiel eine Gans herunter, Xuanzang gerade vor die
Füße. Das war ein Zeichen des Himmels, das ihm sagte, er solle nicht
verzweifeln. Mit neuem Mut ritt er weiter, und schon nach wenigen
Minuten änderte die Mähre ganz plötzlich die Richtung. Sie führte
den Mönch zu einer grünen Oase, wo Pferd und Reiter genügend Was-
ser fanden und sich erholten. Am nächsten Tag erreichten sie endlich
die Oase Hami am anderen Ende der Wüste.[4]

In Erinnerung an dieses wundersame Geschehen soll der Pilgermönch die Pagode, in welcher seine mitgebrachten Schriften aufbewahrt wurden, „Wildganspagode" genannt haben.

Nach Fertigstellung des Gebäudes konnte sich Xuanzang nun
endlich intensiv seinen Arbeiten widmen. Als Hauptaufgabe sah er
das Übersetzen und Kommentieren seiner gesammelten buddhistischen Texte an, und er machte sich akribisch an die Arbeit. Grousset schildert das so:

Unermüdlich
Jeden Morgen stellte er sich eine neue Aufgabe, und wenn ihn
irgendwelche Angelegenheit daran gehindert hatte, sie zu vollenden,
versäumte er es niemals, sie des Nachts fortzuführen. Stieß er auf eine
Schwierigkeit, so legte er die Schrift zur Seite, dann, nachdem er zu
Buddha gebetet und seine religiösen Pflichten bis zur dritten Nacht-
wache erfüllt hatte, erhob er sich (zur fünften Nachtwache) wieder von
seinem Lager; las in den indischen Texten mit lauter Stimme und strich

81

mit roter Tusche nacheinander Stellen an, die er bei Sonnenaufgang zu übersetzen beabsichtigte.

In der Morgendämmerung eines jeden Tages nahm er eine karge Mahlzeit zu sich und erklärte dann vier Stunden lang ein neues heiliges Buch. Seine Schüler, die zu ihm kamen, um ihn um Rat zu fragen und um seine Unterweisung zu bitten, füllten die Galerien und angrenzenden Hallen.[5]

Die große Wildganspagode in Chang'an (Aufnahme von ca. 1920)

Kaiser Gaozong führte gemäß der buddhistischen Lehre alle vorgeschriebenen Rituale aus. Am 26. Tag des fünften Mondmonats im Jahre 650, dem Todestag von Kaiser Taizong, besuchte der Sohn den Tempel im Kloster Ganye, um einen Gedenkgottesdienst für seinen Vater abzuhalten. Hier traf er die Konkubine Wu Zhao wieder. Sie hatte während der langen Wartezeit ein Gedicht geschrieben, das sie ihm nun heimlich zusteckte:

Ich schaute auf die Farbe Rot, als ob sie Grün wäre.[6]
Ich wurde matt und knochendürr, während ich dich vermisste.
Wenn du nicht glaubst, wie viele Tränen ich vergossen habe,
dann schau in meiner Truhe nach dem Kleid mit dem
Granatapfelmuster.[7]

Wu Zhao war nach dieser Begegnung äußerst aufgeregt, denn sie wusste nicht, ob sie richtig gehandelt hatte. Würde der Kaiser sie verstehen? Würde er sie befreien? Sie konnte sich nicht vorstellen, dass gerade Kaiserin Wang für ihre Rettung aus dem Kloster verantwortlich war.

Rückkehr an den Kaiserhof

Nach dem Tod von Kaiser Taizong widmete sich der neue Kaiser verstärkt seinen Konkubinen, insbesondere der bildhübschen Xiao Liangdi, die ihm schon einen Sohn geboren hatte. Kaiserin Wang war besorgt, denn sie selbst blieb kinderlos. Um ihre Position zu festigen und Einfluss auf die Nachfolge zu haben, hatte sie deshalb einen der vier Söhne, die Kaiser Gaozong mit Konkubinen niederen Ranges hatte, adoptiert. Die Wahl des im Jahre 643 geborenen Li Zong wurde von allen Ministern unterstützt, und der Junge war schon zum Thronfolger bestimmt. Nun fürchtete Kaiserin Wang, dass der angeblich sehr intelligente Sohn von Xiao Liangdi den Platz des Thronfolgers einnehmen könnte. Schnell entwickelte sie einen Plan, wie sie Gaozong von seiner Lieblingskonkubine ablenken könnte. Da ihr zu Ohren gekommen war, dass ihr Gemahl im Kloster Ganye Wu Zhao wieder getroffen hatte, beschloss sie, den Kaiser zu bitten, die ehemalige Konkubine als Hofdame anzufordern. Diesen Auftrag führte Gaozong gern aus.

Wu Zhao verließ also, nachdem ihr Haar nachgewachsen war, das Kloster und trat in die Dienste von Kaiserin Wang ein. Sie wurde umgehend vom 5. Grad der „Talentierten" in den 2. Grad der „Ehrenwerten Nebenfrauen" erhoben. Die intelligente Wu Zhao wusste ihre Chance zu nutzen und agierte äußerst geschickt und zielstrebig. Da ihr Wiedereintritt am Hof etwas skandalös war, verhielt sie sich vorerst still im Hintergrund. Während Kaiserin Wang sich kalt und hochmütig zeigte, versuchte Wu Zhao, wie schon in vergangenen Zeiten, die Gunst der Höflinge durch Liebenswürdigkeit zu gewinnen und unter den Palastdamen Freundinnen zu finden. Wann immer der Kaiser ihr besondere Speisen oder spezielle Aufmerksamkeiten schickte, teilte sie diese mit anderen. Bald war sie überall beliebt, und man trug ihr sämtlichen Hofklatsch zu. Auch der Kaiser war von Wu Zhao entzückt und verbrachte, da seine Ehefrau nichts dagegen hatte, viele Nächte mit ihr.

Favoritin des Kaisers und Mutter seiner Kinder

Nachdem sie nun als Lieblingskonkubine etabliert war, brauchte sich Wu Zhao nicht mehr zu verstellen und konnte sich entsprechend der aktuellen Mode kleiden und schminken. Die Tang-Damen trugen Gewänder aus Seide, die vom Schnitt her modernen Bademänteln glichen. Auffallend waren die voluminösen Ärmel, welche manchmal über die Unterarme und Handgelenke bis zum Knie reichten.[9]

Man schmückte sich mit Ohrringen, Fingerringen, Ketten und Armbändern aus Jade, Perlen und Eisvogelfedern. Tang-Frauen schminkten sich sorgfältig und verzierten Kinn, Wangen und Stirn mit Schönheitsmarkierungen.

Dazu malten sie mit roten, gelben, schwarzen und anderen Pigmenten Vögel, Insekten, Blumen, Blätter, Münzen, Halbmonde und ähnliches auf. Sie rasierten ihre Augenbrauen vollständig ab und zeichneten mit Tinkturen neue. Der bekannteste Stil war der der „Motten-Augenbrauen", da die Form den Flügeln dieses Insektes ähnelte. Die langen Haare wurden auf vielfältige Weise kunstvoll frisiert und mit Kämmen fixiert. Je nach Stil konnten es bis zu zehn Kämme sein, und dazu kamen auch noch entsprechend viele Haarnadeln. Die schmalen Kämme bestanden aus Gold, Silber, Jade, Rhinozeros-Horn oder Elfenbein.[10]

8

Um das fertige Werk zu begutachten, benutzte man runde Spiegel aus Bronze. Die Vorderseite hatte eine flache, glattpolierte Oberfläche, die das Bild reflektierte, und auf der Rückseite gab es Verzierungen.

Ihre Kosmetikartikel, Kämme, Spangen und Schmuckstücke bewahrten die Damen in gefächerten hölzernen Kästchen auf. Dazu ist eine erstaunliche Geschichte überliefert:

Der Kaiserin zu Diensten

Ein sehr talentierter Schreiner fertigte einst eine automatische Kosmetiktruhe für die Kaiserin an. Es handelte sich dabei um einen Spiegel, der über einem Kasten mit zwei Abteilungen stand. Sobald die Kaiserin den Deckel hob, um sich schön zu machen, öffnete sich eine der Türen und eine hölzerne Frauenfigur kam mit einem Tuch und einem Kamm hervor. Nachdem die Kaiserin mit diesen Gegenständen fertig war, stellte sie die Sachen zurück, die Statuette kehrte in ihre

Nische zurück, und die Tür schloss sich. Nun öffnete sich die zweite Tür, und diesmal erschien eine andere hölzerne Dienerin, die Rouge, Augenbrauenfarbe und Haarnadeln brachte. Auch diese verschwand wieder, sobald sich die Tür schloss und die Kaiserin mit ihrer Toilette fertig war. Es heißt, Gold und Silber verzierten den Kasten, und die hölzernen Dienerinnen trugen Kleider aus kostbarer Seide.[11]

Die Schönheit der Tang-Damen hat der Dichter Du Fu besungen:

Die Weise von den schönen Damen

Am 3. Tag des 3. Monats
lauere Lüfte wehen,
in Chang'an zahlreiche schöne Damen
sich an den Ufern ergehen.
Welch eine Grazie, welche Hoheit
tragen sie dabei zur Schau!
Es wirkt ihre Haut so zart und glatt
vollkommen der Körperbau!
Besetzte Kleider aus reiner Seide
glänzen im Spätfrühlingslicht,
der Pfau in Gold und das Einhorn in Silber
finden sich darauf gestickt.
Was sie auf dem Kopf tragen?
Eisvogelfedern zieren den Haarschmuck,
der über die Schläfen hängt.
Was ist auf ihrem Rücken zu sehen?
Perlen beschweren die Schleppe des Kleides,
das eng die Taille umfängt.[12]

Die Ausschaltung der Nebenbuhlerinnen

Nachdem Wu Zhao dem Kloster entronnen war, nutzte sie alle zur Verfügung stehenden kosmetischen Mittel und kleidete sich in herrliche Gewänder, damit ihre ganze Schönheit zutage kam. Schon bald verkehrte der verliebte Kaiser nur noch mit ihr, und sie wurde schwanger. Im Winter 653 schenkte sie Gaozong einen Sohn, den sie Li Hong nannte. Da sah Kaiserin Wang plötzlich mit Schrecken, dass sie einen Fehler begangen hatte, als sie Wu Zhao an den Hof zurückholte, denn mit dem neuen Kind gab es einen weiteren Anwärter auf den Thron. Die Kaiserin verbündete sich daraufhin mit ihrer früheren Feindin, der Konkubine Xiao Liangdi. Beide Frauen intrigierten von nun an gemeinsam bei Gaozong gegen Wu Zhao. Schließlich wurde es dem Kaiser zu viel, und er entschloss sich, etwas zu unternehmen, um die Atmosphäre zu verbessern. Mit Hilfe einer Einladung glaubte er die Situation zu entschärfen.

Das Festmahl
Eines Tages lud Gaozong die Kaiserin und die wichtigsten seiner Konkubinen zu einem prächtigen Festmahl in seine Gemächer ein. Er hoffte, bei diesem Zusammensein zwischen seinen Frauen Frieden stiften zu können. Als Wu Zhao einen Toast auf das Wohl aller aussprechen wollte, erhob nicht eine der anwesenden Damen ihr Glas. Da bat der Kaiser die Kaiserin, dass sie zuerst trinke. Das konnte sie nicht ablehnen; sie nahm ihr Glas, nippte daran, und alle Konkubinen folgten ihrem Beispiel. Am Ende des Abends baten die Frauen, der Kaiser möge seine Zeit doch gleichmäßig zwischen ihnen verteilen. Gaozong gab ein Versprechen, das er nie einhielt, und die Intrigen gingen weiter.[13]

Gaozong kümmerte sich weiterhin nur um Wu Zhao, und als er Ende des Jahres 654 das Grab seines verstorbenen Vaters besuchte,

nahm er Wu Zhao mit auf die Reise. Unterwegs gebar sie ihm einen zweiten Sohn, den sie Li Xian nannte. Nun festigte sich in ihr, die ja nur seine Geliebte war, der Wunsch, selber Kaiserin zu werden. Aufmerksam wartete sie auf eine günstige Gelegenheit, um ihre Nebenbuhlerinnen Kaiserin Wang und Konkubine Xiao Liangdi aus dem Weg zu räumen. Als Wu Zhao im folgenden Jahr ein Mädchen zur Welt brachte, gelang es ihr, den frühen Tod des Kindes zu ihrem Aufstieg zu nutzen. Die Geschichtsschreiber verstanden es, diesen Tod als Mord darzustellen. Und so soll es sich zugetragen haben:

Das Neugeborene

Kaiser Gaozong zeigte sich ganz vernarrt in die Kleine und besuchte sie so oft wie möglich. Eines Tages erschien auch Kaiserin Wang, um das Baby zu bewundern. Und so geschah es, dass sie sich allein mit der Kleinen im Zimmer befand. Als Wu Zhao von diesem Besuch erfuhr, betrat sie das Kinderzimmer, erdrosselte das Mädchen und deckte den Körper mit einem Seidentuch zu.

Kurz darauf kam Gaozong, um seine Tochter zu besuchen. Wu Zhao begrüßte ihn mit einem Lächeln, und beide Eltern betraten den Raum. Als Wu Zhao wie gewohnt das Kind aus der Wiege hob, um es dem Kaiser zu reichen, stieß sie einen Schrei aus, denn die Kleine war leblos. Gaozong war zuerst wie versteinert und fragte dann wütend, wie ein solches Unglück hatte geschehen können. Als er erfuhr, dass Kaiserin Wang allein im Kinderzimmer gewesen war, schrie er: „Die Kaiserin hat meine Tochter ermordet!" Wu Zhao weinte herzerweichend und der Kaiser wütete: „Zuerst war sie eifersüchtig und boshaft gegen Konkubine Xiao und nun das!"

Wu Zhao deutete an, dass Lady Wang unter diesen Umständen nicht Kaiserin bleiben solle. Sie behauptete gleichzeitig, dass sie selbst nicht länger in diesen Unglück bringenden Räumen wohnen könne. Voller

Mitleid erlaubte der Kaiser ihr, zu ihm in seine privaten Gemächer zu ziehen. Wu Zhao war ihrem Ziel einen Schritt näher gekommen.[14]

Wer immer auch den Tod des Kindes zu verantworten hatte, Kaiser Gaozong glaubte fest, dass es die Kaiserin Wang war, und entschied nun, sich von ihr zu trennen und Wu Zhao zur neuen Kaiserin zu machen. Das Vorhaben war aber nicht einfach zu vollziehen, denn es gab am Hofe viele Minister, die sich dagegen wehrten. An erster Stelle war da Chang-sun, ein Schwager und engster Vertrauter des verstorbenen Kaisers Taizong, und ein Mann, der die Kaiserin Wang unterstützte. Gaozong, der den Einfluss des Schwagers nicht unterschätzte, versuchte ihn mit Geschenken und Versprechungen auf seine Seite zu ziehen. Folgendes wird dazu berichtet:

Ein Besuch

Eines Tages stattete Kaiser Gaozong in Begleitung von Wu Zhao dem alten Chang-sun in seiner Residenz einen Besuch ab. Sie brachten als Gabe eine Wagenladung voll goldener und silberner Gebrauchsgegenstände für die Familie mit und zusätzlich zwei Wagenladungen Seide und Brokat. Gaozong hatte außerdem vom Hofmaler ein Portrait von Chang-sun malen lassen und überreichte ihm das Bild zusammen mit einem von ihm selbst gedichteten und in schönster Kalligraphie geschriebenen Vers. Dieses Geschenk war eine außergewöhnliche Ehre und sollte ganz offensichtlich dazu dienen, Chang-sun zu beeinflussen. Im Laufe der Unterhaltung versprach der Kaiser dem Gastgeber außerdem, dass er seinem Sohn eine höhere Stellung anbieten würde. Chang-sun schien erfreut. Nach einem guten Essen und reichlich Wein meinte der Kaiser mit einem Seufzer: „Es ist so schade, dass die Kaiserin mir keinen Sohn geboren hat!" Damit deutete er an, dass die Kaiserin Wang abgesetzt werden sollte. Chang-sun verstand sehr wohl, worum es ging, aber er wechselte geschickt das Thema, und die Gäste verließen erfolglos und verärgert das Haus.[15]

Während Wu Zhao nun ständig mit dem Kaiser zusammenlebte, überlegte Kaiserin Wang, wie sie die Nebenbuhlerin ausschalten könnte. Dann beging sie einen Fehler, der nicht wiedergutzumachen war.

Magie

Eifersüchtig und wütend auf die schöne Konkubine entschloss sich Kaiserin Wang, Wu Zhao aus dem Weg zu schaffen, und zwar mit Hexerei. Um ihren Plan auszuführen, brauchte sie die Hilfe ihrer Mutter, der Dame Liu aus dem Clan Wei. Diese sollte für sie einen Zauberer kontaktieren. Dame Liu machte sich auf den Weg zum nahegelegenen Tempel, wo sie zu Buddha betete. Da sie den Mönchen eine große Summe Geld gespendet hatte, wurde sie wie immer von dem obersten Mönch freundlich empfangen und zu einem üppigen vegetarischen Mahl eingeladen. Nach dem Essen fragte sie den Mönch, ob er ihr einen Zauberer zur Lösung eines Problems empfehlen könne. Er verwies auf einen Mann, der hinter dem Tempel wohnte. Auf dessen Rat hin fertigte Dame Liu eine Stoffpuppe an und stickte darauf den Namen und das Geburtsdatum von Wu Zhao. Dann steckte sie Nadeln in die Augen und an die Stelle des Herzens, wobei sie eine Zauberformel murmelte. Mit diesem Fluch sollte Wu Zhao durch Kopf- und Herzschmerz sterben, und niemand könnte einen Mörder entdecken. Dame Liu brachte die Puppe in den Palast und wies ihre Tochter an, täglich die Zauberworte an die Puppe zu richten. Kaiserin Wang tat das sehr gewissenhaft und merkte dabei gar nicht, dass ein Eunuch, der für Wu Zhao spionierte, sie beobachtete. Als die Konkubine von dem Geschehen erfuhr, rannte sie sofort zu Gaozong und rief: „Die Kaiserin will dich umbringen, sie hat eine Zauberpuppe unter ihrem Bett. Das ist ein schweres Verbrechen!" Wütend schickte der Kaiser sofort seine Eunuchen in die Gemächer von Kaiserin Wang und wahrhaftig, sie fanden die Puppe am angegebenen Ort. Obwohl auf der Puppe nicht sein eigener Name geschrieben war, handelte es sich hier um Zauberei. Das verstieß gegen die Palastregeln, und der Kaiser erteilte der Kaiserin Hausarrest. Ihre Mutter durfte den Palast fortan nicht mehr betreten. [16]

Kurz darauf brachte ein weiteres Ereignis Kaiserin Wang, die sich mit Konkubine Xiao Liangdi zusammengetan hatte, in Misskredit.

Ein unerwartetes Geschenk
Eines Tages, zur Zeit des Abendessens, erschien ein Eunuch der Kaiserin Wang im Palast. Er brachte einen Krug Wein als Gabe. Als nun Wu Zhao und Kaiser Gaozong bei Tisch saßen, wollte der Kaiser den Wein kosten. In dem Moment aber, als er seinen Becher zum Mund führte, stoppte ihn Wu Zhao. Sie nahm ihm den Becher aus der Hand und goss den Inhalt auf den Boden. Dort bildete sich ein dunkler Fleck. Das nahm man als Beweis dafür, dass das Getränk vergiftet war. Gaozong erließ daraufhin folgendes Edikt:

Kaiserin Wang und Konkubine Xiao Liangdi haben versucht, mich zu vergiften, sie verlieren beide ihre Titel und gehen in Gefangenschaft. Ihre Mütter und Brüder werden in entfernte südliche Provinzen verbannt.[17]

Eine andere Version der Geschichte erzählt, dass Wu Zhao den Wein selbst vergiftete und einen ihr ergebenen Eunuchen der Kaiserin damit beauftragte, den Krug in ihrem Namen zu überbringen. Wu Zhao blieb nicht untätig und verfolgte weiterhin ihr Ziel, Regentin zu werden. Sofort rief sie einen ihrer Höflinge und wies ihn an, eine Petition zu verfassen, in der der Kaiser darum gebeten wurde, die Konkubine Wu Zhao zur neuen Kaiserin zu bestimmen. Viele Minister und Beamten unterschrieben diese Petition, da sie wussten, dass genau das der Wille Gaozongs war, und sie sich mit ihrer Haltung Vorteile erhofften. Der Kaiser zeigte sich sehr erfreut über die Unterstützung und erließ ein weiteres Edikt:

Die Familie Wu hat große Verdienste bei der Errichtung der Tang-Dynastie erlangt. Konkubine Wu selbst wurde in den Palast

gerufen aufgrund ihrer Talente. Nachdem ich zum Kronprinz ernannt wurde, wachte ich Tag und Nacht am Bett des kranken Kaisers. Er bedankte sich für meine Fürsorge und schenkte mir Konkubine Wu als Belohnung. Deshalb ernenne ich sie nun zu meiner Kaiserin.[18]

Im Winter des Jahres 656 war Wu Zhao wieder guter Hoffnung und hochschwanger bat sie den Mönch Xuanzang, für eine sichere Entbindung zu beten. Der fromme Mann stimmte zu, fragte aber, ob das Kind ein Mönch werden dürfe, im Falle, dass es ein Junge sei. Es wurde ein Junge, und er sollte ursprünglich „Licht Buddhas" genannt werden. Das Kind erhielt aber stattdessen den Namen „Zhongzong". Obwohl das geplante Klosterleben noch in den Sternen stand, bedachte man den Säugling mit religiösen Geschenken, darunter eine vergoldete Kopie des „Herz-Sutra", ein Mönchsstab und ein Rosenkranz. Die Geschichte wird zeigen, welch unverhofften Weg das Leben des Neugeborenen nehmen wird.

TEIL VI

DIE BEIDEN WEISEN

Statuen von Wu Zetian und Gaozong im Huangze Tempel
Guanyuan / Sichuan

Endlich erste Kaiserin

Nachdem das kaiserliche Edikt, welches Wu zur Kaiserin ernannte, im ganzen Land verkündet worden war, begannen am ersten Tag des elften Mondmonats im Jahr 656 die Vorbereitungen zur Krönung. Folgendermaßen soll es vonstatten gegangen sein:

Die Feierlichkeiten
Zuerst wurde Wu Zhao zu ihrem Elternhaus geschickt. Li Ji, ein Hofbeamter, kam dorthin als Hochzeitsbote, begleitet von mehreren Eunuchen, welche die Geschenke trugen. Li Ji betrat das Haus und legte sofort ein Tablett mit dem kaiserlichen Hochzeitszertifikat und das kaiserliche Siegel auf den Tisch. Einige Palastdamen kleideten Wu Zhao festlich an. Sobald sie die Toilette beendet hatten, kam Wu Zhao begleitet von den Damen in den Empfangsraum, wo sie auf dem Boden kniend Zertifikat und Siegel überreicht bekam. Diese beiden Gegenstände waren nach chinesischer Tradition wichtiger als die Krone. Wu Zhao nahm auf einem Stuhl Platz, und alle Anwesenden knieten in Ehrerbietung vor ihr. Li Ji und seine Männer kehrten zum Hof zurück und berichteten dem Kaiser, dass sie ihren Auftrag erledigt hätten. Die Kaiserin wurde, begleitet von einer Ehrengarde, zum Palast gebracht und hier fand eine Zeremonie statt, die in keiner Weise der Krönung eines Kaisers nachstand. Dem Volk wollte man zeigen: Hier ist eine echte Kaiserin! Ein speziell beauftragter Minister hatte sich um alles gekümmert: die Musik, die gespielt werden würde, die Unterhaltungskünstler, den Empfang, die Vorbereitungen der Prinzen und Prinzessinnen, die Einladung an die Mitglieder des Hofstaats.[1]

Andere Quellen fügten hinzu:

Und nun erklangen in Chang'an Trommelmusik und Glockengeläut. Die große Halle des Palastes war gefüllt mit Hofstaat und

Beamten des höchsten Ranges. Begleitet von ihren Dienerinnen erschien die Dame Wu: ihr Kopfschmuck glitzerte von Gold und Perlen, sie trug das offizielle Gewand der Kaiserin, das weyi, welches nur zu höchsten Feierlichkeiten getragen wurde. Das Kleid war aus marineblauem Satin, die Ärmel verziert mit handgemalten Phönixen, die in Regenbogenfarben glänzten, ein breites rotes Band zog sich von oben nach unten. Sie trug goldene bestickte Schuhe und einen Gürtel mit Verzierungen, die denen auf des Kaisers Gürtel ähnelten. Ruhig und würdig gab sie sich, aufrecht stehend, das Kinn vorgestreckt, die Augen strahlend – eine wahre Kaiserin. Mit dem Siegel in der Hand bestieg sie den Thron. Nun wurde die Ernennung verlesen, gefolgt von beglückwünschenden Gedichten und klassischer Musik. Damit endete die offizielle Zeremonie. [2]

Entgegen alten Gewohnheiten hatte die neue Kaiserin jedoch beschlossen, sich am Shuyi-Tor-Turm, westlich des Palastes, der Öffentlichkeit zu zeigen. Die große lange Kaiserinnenkutsche stand bereit. Diese Kutsche glänzte in Blau und Gold; sie hatte acht Fenster, geschmückt mit lila Spitzen und Vorhängen, das Dach und die Hinterräder leuchteten zinnoberrot. Vor der Kutsche ritten die Garde in voller Uniform und die Insignienträger, so wie es bei einer kaiserlichen Prozession üblich war.

Am Tor angekommen bestieg die Kaiserin den Turm und stand auf einer Art Terrasse. Von dort aus schaute sie stolz auf die Menschenmenge, die ihr auf dem riesigen Platz zu Füßen lag. Dort waren die Prinzen und Staatsbeamten, sowie die Repräsentanten der eroberten Völker, alle in ihren offiziellen Gewändern. Die Anordnung zeugte von einer perfekten Choreografie: Prinzen und Offizielle, die höher als der dritte Rang waren, trugen purpurne, mit Gold verzierte Kleidung und Jadegürtel, hinter ihnen knieten die dunkel-lavendel-farbig Gekleideten mit goldenen Gürteln, ihnen folgten die hell-lavendel-farbig Gekleideten ebenfalls mit goldenen Gürteln, der sechste Rang war schließlich in unterschiedliches Grün mit Silbergürteln gekleidet usw.

Die Dame Wu schaute befriedigt auf die bunte Menschenmenge, die ihr Ehre erbot; sie hielt eine kurze Ansprache und fuhr zurück zum Palast, wo es im Innenhof einen Empfang für die Ehefrauen der ausländischen Repräsentanten gab. Auch das war eine Neuerung! Nach dem Empfang wurde zu einem königlichen Dinner geladen mit Musik, Tanzvorführungen und akrobatischen Darbietungen. Man vergnügte sich bis tief in die Nacht. Dame Wu hatte ihr Ziel erreicht.

Erste Kaiserin

Rache (656)

Nachdem Wu Zetian offiziell Kaiserin war, dauerte es nicht lange, bis sie einen Rachefeldzug begann. Alle Minister und Hofangestellten, die gegen ihre Ernennung gewesen waren, wurden ihrer Posten enthoben und in weitentfernte Provinzen geschickt. Nur ihre beiden Erzfeindinnen, die ehemalige Kaiserin Wang und die Konkubine Xiao befanden sich noch in der kaiserlichen Stadt. Dank der Verordnungen, welche die neue Kaiserin erließ, verschlimmerten sich aber ihre Lebensbedingungen. Zu Beginn ihrer Einkerkerung lebten die Frauen noch einigermaßen zufrieden in einer kleinen Wohnung mit zugehörigem Hof. Später jedoch, als das Tor verschlossen wurde, begann die Hölle: Kein Diener brachte mehr Wasser oder frische Wäsche, niemand sprach mit ihnen, und das Essen wurde durch ein geöffnetes Fenster gereicht. Aber noch lebten sie und hofften, der Kaiser würde sich eines Tages gnädig erweisen. Gaozong hatte sich keine Gedanken gemacht, wie es den beiden Frauen erging, und nahm an, sie würden ihre Zeit wie alle anderen Konkubinen ruhig verbringen. Dann machte er aber eine bedrückende Entdeckung.

Eine fatale Begegnung
Als Kaiser Gaozong eines Tages in der Nähe des Hofs der Damen spazieren ging, beschloss er ihnen einen Besuch abzustatten. Wie erstaunt war er aber, als er ihr Domizil nicht betreten konnte, sondern es ihm nur durch die Fensteröffnung möglich war, mit ihnen zu sprechen. In seiner Überraschung vergaß er, dass die beiden ihre Titel verloren hatten und rief: „Kaiserin Wang! Xiao Liangdi!"
Gaozong hörte: „Oh, Ihr seid es, Eure Majestät! Aber ihr redet uns mit unseren Titeln an, dabei sind wir nur noch Sklavinnen. Bitte befreit uns aus diesem Loch. Wir wollen auch freiwillig als Dienerinnen im Palast arbeiten." Der geschockte Kaiser ging niedergeschlagen davon.

Ein paar Tage später rasselten die Ketten am Tor, und die Damen glaubten schon, Kaiser Gaozong hätte sich erbarmt, doch dem war nicht so. Wu Zetian hatte durch ihre Spione von der Begegnung erfahren und den sofortigen Tod ihrer Feindinnen beschlossen. Sie bestürmte ihren Ehemann so lange, bis er den Befehl gab, die beiden Frauen sollten mit 100 Stockschlägen bestraft werden. Das bedeutete den Tod.

Ex-Kaiserin Wang zeigte ihre Gefühle nicht. Sie verbeugte sich dreimal und sprach: „Ich wünsche meinem ehemaligen Gemahl eine glückliche Zukunft! Die strahlende Wu hat die Liebe seiner Majestät errungen. Für mich bleibt nichts als der Tod!"

Konkubine Xiao Liangdi aber schrie: „Wu ist ein verräterischer Fuchs, sie hat den Kaiser verhext, und nun sitzt sie auf dem Thron! Ich hoffe, ich werde als Katze wiedergeboren und die Hexe Wu als Ratte, dann werde ich ihr die Kehle durchbeißen!"

Wu Zetian wurde natürlich von dem Geschehen unterrichtet, und sie ließ umgehend alle Katzen aus dem Palast entfernen. Als nächstes verfügte sie persönlich, dass die Tempelnamen[5] der Verstorbenen „Python" für die Kaiserin und „Eule" für die Konkubine sein sollten. Damit wollte sie dem Fluch von Xiao Liangdi entgegenwirken.[6] In der Folgezeit wurde die Kaiserin von Albträumen verfolgt, und sie überzeugte Kaiser Gaozong schließlich davon, dass der Hof in die östliche Hauptstadt nach Luoyang umziehen müsse.

Luoyang

Die „Östliche Kaiserstadt"

(657)

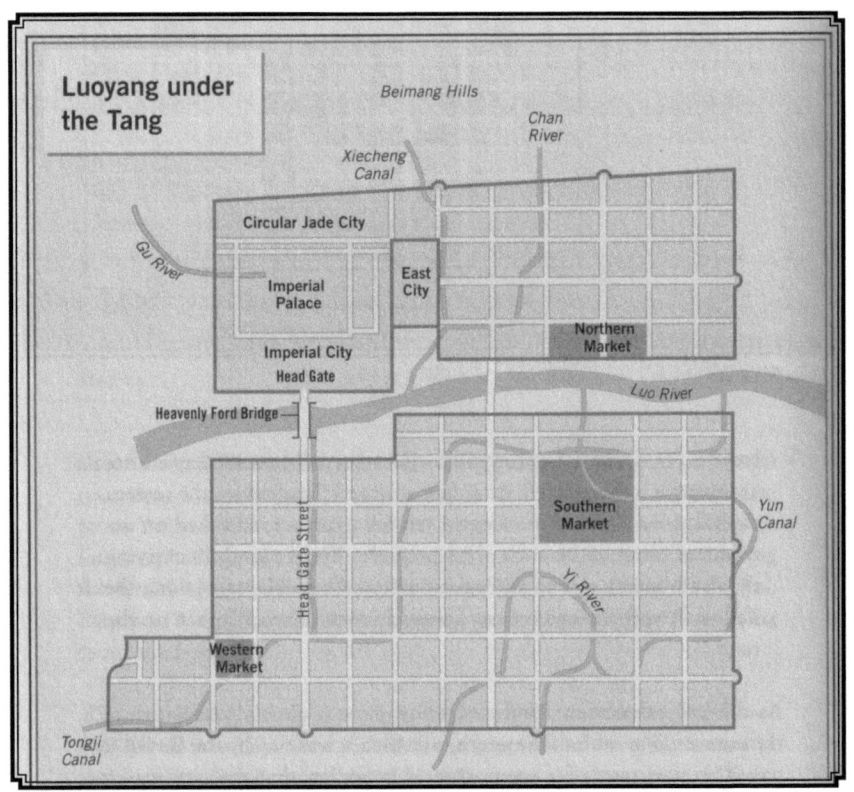

Luoyang befand sich zweihundert Meilen östlich von Chang'an, und die Lage der Stadt war in Bezug auf Kommunikation und Handel weitaus besser als die der ursprünglichen Hauptstadt. Da sie am Ufer des Luo-Flusses lag, war man hier nicht weit entfernt vom Ende des Großen Kanals. So gab es leichten Zugang zu den Handelsrouten nach dem fruchtbaren Süden, von wo die wichtigsten Nahrungsmittel kamen. Im Jahre 657 wurde die Stadt offiziell als „Östliche Hauptstadt" bezeichnet, und Chang'an war von nun an lediglich die „Westliche Hauptstadt". Zweigstellen der Ministerien wurden eingerichtet und im Jahre 662 auch ein Ableger der kaiserlichen Universität. Wu Zetian fühlte sich hier in Luoyang wohl, denn sie glaubte sowohl den bösen Geistern als auch den altgedienten Beamten und Unterstützern der Li-Familie entkommen zu sein.

Der kranke Kaiser (1. Schlaganfall 660)

Doch das Leben im schönen Luoyang blieb nicht ohne Sorgen. Im 10. Monat des Jahres 660 erkrankte Kaiser Gaozong ernsthaft. Wahrscheinlich erlitt er einen Schlaganfall, und böse Zungen behaupteten, Auslöser seien seine Schuldgefühle wegen des grausamen Todes seiner Ehefrau und seiner Lieblingskonkubine gewesen. Nun konnte Gaozong zeitweise nicht mehr sehen und litt unter Schwindelanfällen.

Da ließ der Kaiser seinen Leibarzt Doktor Chin zu sich kommen. Nach einer gründlichen Untersuchung erklärte der Arzt, er könne ihm helfen, wenn der Herrscher ihm erlaube, Akupunkturnadeln in seinen Kopf zu setzen. Dieser Vorschlag verärgerte Kaiserin Wu, die hinter einem Vorhang saß und das Geschehen mit verfolgt hatte. Sie rief: „Ihr solltet geköpft werden für die Idee, Blut aus des Kaisers Kopf zu ziehen!" Der Arzt warf sich zu Boden und

flehte um sein Leben. Gaozong jedoch hörte nicht auf die Worte seiner Ehefrau und erlaubte dem Arzt die Behandlung.

Dr. Chin steckte daraufhin dem Kaiser zwei Nadeln in die Akkupunkturpunkte am Hinterkopf. Schon nach kurzer Zeit verkündete Gaozong: „Ich kann besser sehen!" Daraufhin rief die Kaiserin erfreut: „Das ist ein Geschenk des Himmels!" und sie entlohnte den Arzt mit zehn Ballen bunter Seide.[8]

Gleichzeitig rief Wu Zetian auch die Götter zu Hilfe. In den Bergen westlich von Chang'an befand sich der **Famen-Tempel.** Dieser Tempel beherbergte eine heilige buddhistische Reliquie, einen Fingerknochen Buddhas. Von diesem Knochen sollte eine strahlende Aura ausgehen, die heilende Kräfte versprach, und das wollte sich Wu Zetian zunutze machen. Mit einer prunkvollen Prozession wurde der heilige Knochen aus den Bergen nach der neuen Hauptstadt gebracht. Entlang des Weges scharten sich die Menschenmengen, Gläubige und Laien, Adlige und gemeines Volk, Männer und Frauen, Alte und Kinder – jeder wollte einen Blick auf die heilige Reliquie erhaschen. Wu Zetian entwarf dann eigenhändig eine Art Schatztruhe, in der die Reliquie aufbewahrt werden sollte. Sie unterstützte die Finanzierung des Vorhabens, indem sie einen Teil ihrer Bettwäsche, seidene Gardinen und dazu 1000 Ballen neuer Seide spendete.[9]

Zu dieser Zeit begegnete Wu Zetian auch erstmals Fazong. Fazong war ein buddhistischer Mönch, dessen Familie aus Sogdien stammte, dem heutigen Usbekistan, einem Land jenseits des Pamir-Gebirges. Als er noch ein Teenager war, brannte er sich einen Finger ab, als Zeichen seiner Aufopferung für Buddha und in Gedenken an das heilige Relikt im Famen-Tempel. Fazong, ein Freidenker, ein Rhetoriker, ein Übersetzer, wurde Wu Zetians Lehrer und zu ihrem engsten buddhistischen Vertrauten. Fast dreißig

Jahre lang währte ihre Freundschaft, und dieses Band stärkte die Position der Kaiserin in der buddhistischen Gemeinde.

Die buddhistischen Mönche im Famen-Tempel waren über die Zuwendungen des Hofes hoch erfreut, doch Kaiser Gaozong wurde nicht geheilt. Vielmehr machte es ihm sein gesundheitlicher Zustand unmöglich, die Regierungsgeschäfte weiter zu führen. Und so beauftragte er Wu Zetian damit, denn ihr vertraute er und wusste, dass sie intelligent war und schnell Entscheidungen treffen konnte. Alle Aufgaben, die Gaozong Wu Zetian übertrug, erledigte sie fortan so sehr zu seiner Zufriedenheit, dass er ihr mehr und mehr überließ, und sich ihrem Urteil bedingungslos anschloss. Da es jedoch laut konfuzianischer Doktrin verboten war, dass Frauen öffentliche Ämter bekleideten, musste Wu Zetian hinter einem gelben Vorhang sitzen, während der Kaiser auf dem Thron ihre geflüsterten Worte wiederholte.

In einem der Geschichtsbücher heißt es:

Von diesem Moment an, wann immer der Kaiser Hof hielt, war die Kaiserin hinter dem Vorhang anwesend. Es gab keine Staatsangelegenheit, klein oder groß, die ihr nicht zu Ohren kam. Alle wirkliche Macht unter dem Himmel lag bei ihr: Degradierung oder Beförderung, Leben oder Tod, Belohnung oder Bestrafung. Der Sohn des Himmels saß da mit gefalteten Händen. Am Hof und im Land nannte man die beiden „Die Zwei Weisen".[10]

Und die beiden Herrscher liebten es, unterwegs zu sein. Fühlte Gaozong sich nicht wohl, so reiste er liegend in einer gewärmten kaiserlichen Kutsche. Zu Beginn des Jahres 660, nachdem sie das Neujahrsfest in Luoyang verbracht hatten, beschloss das Herrscherpaar nach der Stadt Wenshui in Bingchow, dem Geburtsort Wu

Zetians, zu reisen. Die Lieblingshöflinge und eine kaiserliche Garde begleiteten den Zug. In der Heimatstadt der Kaiserin angekommen wurden ein dreitägiges Fest gefeiert und alle Familienangehörigen, Nachbarn und örtlichen Würdenträger zu einem Bankett eingeladen. Alle Gäste erhielten ein Geschenk, denn es war im alten China üblich, dass jeder, der aus einfachen Verhältnissen zu Wohlstand und Macht kam, nach Hause zurückkehrte, um dies zu zeigen. Im Sprichwort hieß es:

> *Wenn jemand zu Wohlstand kommt und nicht in seinen Heimatort zurückkehrt, dann machen seine teuren neuen Kleider keinen größeren Eindruck, als wenn er durch die Dunkelheit laufen würde.[11]*

Doch die Vergnügungsreisen nahmen bald ein Ende, denn ein Krieg kündigte sich an:

Gaozongs Korea-Krieg

Zu Beginn der 660er Jahre bat der Staat Silla auf der koreanischen Halbinsel um Hilfe, da die Nachbarstaaten Koguryo und Paekche seine Grenzen bedrohten. Am Hof bereitete man sich daraufhin auf einen Feldzug nach Korea vor. Der Plan für die Invasion ähnelte dem von Kaiser Taizong 15 Jahre zuvor. Jener missglückte Feldzug hatte damals Unsummen verschlungen. Gaozong wollte nun die Schmach seines Vaters wiedergutmachen und scheute sich nicht, seine Truppen gen Norden zu schicken. Siege und Niederlagen lösten einander ab, und es dauerte mehrere Jahre, bis Korea im Jahre 665 endlich besiegt war. Nun konnte mit gutem Gewissen die bedeutende Feng-Shan-Zeremonie abgehalten werden, und Wu Zetian plante dabei eine wichtige Rolle zu spielen.

Die Feng-Shan-Zeremonie (666)

Tuschezeichnung des heiligen Berges Tai-Shan

Im alten China galt der Kaiser als Mittler zwischen dem Himmel und dem Volk und war verantwortlich für alle religiösen Zeremonien und Opfergaben. Wenn ein Herrscher glaubte, dass seine Regierungszeit erfolgreich war, die Kriege gewonnen und sich die Menschen satt und zufrieden fühlten, brachte er am heiligsten Berg des Landes, dem **Tai-Shan**[12], in der Provinz Shandong, ein Opfer dar. Er berichtete dabei der Erde und dem Himmel, dass er seine Pflichten erfüllt habe. Das war eine äußerst großspurige Behauptung, und nur wenige Kaiser hatten das Opfer bisher vollzogen, aus Angst der Prahlerei bezichtigt zu werden. Kaiser Taizong hatte sich jedoch sehr selbstbewusst gezeigt und wollte schon 632, fünf Jahre nachdem er Kaiser geworden war, zum Berg Tai Shan reisen und das „Feng-Shan-Opfer" vollziehen. Sein erster Minister Wei Cheng riet ihm jedoch davon ab, doch das Vorhaben blieb dem Kaiser im Sinn, und 641 wollte er sich endlich auf den Weg machen.

Zu diesem Zeitpunkt erschien aber plötzlich ein Komet am Himmel, was man als ein schlechtes Omen deutete, und man verschob die Reisepläne. Ein dritter Versuch im Jahre 648 scheiterte an Überflutungen, und so wurde ganz offensichtlich, dass von Taizong kein Feng-Shan-Opfer dargebracht werden sollte.

Nachdem Wu Zetian fünf Jahre lang hinter dem gelben Vorhang die Geschicke des Reiches gelenkt hatte, wollte sie nun ganz legal an der Seite des Kaisers in Erscheinung treten und dazu noch unter göttlicher Fügung. Sie erließ ein Dekret, das verkündete, die Zeit für ein „Feng-Shan-Opfer" sei gekommen. Mit der Feier verbunden seien außerdem eine Beförderung aller Beamten, Almosen für die Bedürftigen und eine hohe Summe für die Menschen in Shandong, durch deren Orte die Prozession führen sollte. Das Volk war einverstanden, denn es ging allen gut, da in fünf Jahren hintereinander reiche Ernten eingefahren worden waren. Niemand nahm deshalb Anstoß daran, dass eine Frau bei der Feier zugegen sein würde, obwohl dies das erste Mal in der Geschichte dieser bedeutenden Zeremonie sein würde.

Der heilige Berg Tai-Shan befand sich 357 Meilen von Luoyang entfernt, und die Reise dauerte 40 Tage. Dorthin machte sich ein 60 Meilen langer Wagenzug auf. In ihm befanden sich militärische Führungskräfte, Soldaten, Regierungsbeamte, Diener, ausländische Gesandte der Türken, der Perser, der Inder, der Koreaner, der Japaner – und allesamt mit ihrem Gefolge. Man führte zur Verpflegung Schafe und Rinder mit im Zug, und die Menschen schliefen in Zelten und Jurten. Am 10. Februar 666 begannen die Opfer am Fuße des Berges, und Wu Zetian agierte als Assistentin. Anschließend

führte eine zweite Prozession zum Gipfel, und da es keine ungünstigen Vorzeichen gab, konnten die Opferzeremonien auch hier vollendet werden.

Der kaiserliche Zug zog nach Ausführung der Rituale durch die Provinz Shandong, wo man die Geburtsorte von Konfuzius und von Laotse besuchte. Nun hatte man nach den Feng-Shan-Opferzeremonien außer Buddha auch noch Konfuzius und Laotse, also den Vertretern der drei wichtigsten Glaubensrichtungen, Ehre erwiesen, gemäß dem alten chinesischen Spruch: *„Die drei Lehren fließen zu einer zusammen."* So kehrte man nach viermonatiger Reise zufrieden nach Luoyang zurück.

13

Eintracht der drei Weltanschauungen:
Der taoistische Weise Laotse neigt sich liebevoll dem kindlichen Buddha zu, der sich in der väterlichen Umarmung des Konfuzius räkelt.

Hinter dem gelben Vorhang

Gaozong erlitt im Jahre 667 einen weiteren Schlaganfall, der ihn zeitweise erblinden ließ, auch zeigte er Sprachschwierigkeiten, weshalb er Wu Zetian die Regierungsgeschäfte ganz überlassen musste. Von nun an versteckte sie sich nicht länger hinter dem Vorhang, sondern saß für jedermann sichtbar den Ministern gegenüber. Wenn der Kaiser versuchte sich zu äußern, wagte es nur noch Wu, seine unverständlichen Worte zu interpretieren, und nur sie verstand auch seine Wünsche. So informierte sie den Hof, dass der Regent ihr die Macht übertragen, und sie nach mehrerem Ablehnen, wie es üblich war, den Auftrag angenommen habe.

Von diesem Moment an konnte Wu Zetian praktisch selbst alle Entscheidungen treffen. Zuerst wurde sie jedoch mit Problemen konfrontiert. Nach mehreren Jahren fruchtbarer Ernten änderte sich das Klima, es herrschte eine große Dürre und daraus folgend Hungersnot. Die Minister erließen ein Edikt der Sparsamkeit, in welchem die Bevölkerung aufgefordert wurde, verschwenderische Aktivitäten einschließlich unnötiger Zeremonien zu vermeiden. Auch der Palast war betroffen, denn die großen Audienzhallen wurden geschlossen, um Heizmaterial und Wasser zu sparen. Das Heizmaterial benutzte man nun, um Nahrungsmittel aus dem Süden herbei zu schaffen, und das Wasser wurde in Zisternen gesammelt für den Notfall einer Feuersbrunst.

Während dieser Zeit der Einschränkungen machte Wu Zetian einen entscheidenden Fehler, denn sie selbst vergaß alle Zurückhaltung, als ihre Mutter, die Dame Yang, im gesegneten Alter von 91 Jahren verstarb. Sie veranlasste eine aufwendige und kostspielige Beerdigungsfeier, die sowohl als ein Zeichen der Kinderliebe als auch als Demonstration ihrer Macht gelten sollte. Die Trauerfeier

fand in „Shunling" statt, einem Beerdigungspark in der Nähe der Stadt Xianyang, der so groß wie eine kaiserliche Grabstätte war. Hier führte eine breite Geisterstraße, flankiert von steinernen Ministern und glücksverheißenden Kreaturen, zum Hügelgrab, in dem die alte Dame ihre letzte Ruhestätte finden sollte. Ungewöhnliche Grabwächter sollten Wunderbares vollbringen: ein massives Paar einhörniger Ungeheuer würde räuberische Brigaden vertreiben und Glücks-Widder sowohl für das Wohlergehen der Gestorbenen in der Unterwelt als auch für das der Lebenden in der näheren Umgebung sorgen. Am wichtigsten aber waren die steinernen Löwen. Das Volk war überzeugt, dass sie Unwetter fernhalten konnten, denn genau seit dem Zeitpunkt ihrer Errichtung hatte kein Gewitter mehr die Ernte zerstört. Frauen, die sich Kinder und besonders einen Sohn wünschten, pilgerten zu den Löwen und rieben die Genitalien des männlichen Tieres – ein Brauch, dem Jahrhunderte lang gefolgt wurde.

Der Trauerzug wurde zu einer Staatsaffäre mit Ritualen, die normalerweise nur den Mitgliedern der kaiserlichen Familie vorbehalten waren. Vorneweg schritt eine Musikkapelle mit militärischer Eskorte, ihr folgte eine Reihe von Ministern, Hofbeamten und Hofdamen, die alle eine Einladung erhalten hatten, welche sie nicht ablehnen konnten. Und so zog dieser extravagante Zug durch die Stadt und erzürnte mit seinem Pomp die Bürger.

Anschließend erließ die Kaiserin ein Edikt, welches verkündete, dass die Trauerzeit für eine Frau der kaiserlichen Familie von nun an genauso lang sein müsse wie die für einen Mann. Während dieser Zeitspanne durften keine Feste gefeiert werden, auch waren Musik und Tanz verboten.

In den Zeiten der Not munkelte das abergläubische Volk, Wu Zetian habe in ihrer Rolle als Gaozongs Regentin die Götter erzürnt, und dass deshalb das Volk bestraft würde. In einer Legende heißt es:

Der zornige Jadekaiser

Als Wu Zetian, die Ehefrau des Tang-Kaisers Gaozong, sich selbst zur Kaiserin ernannte, war Yuhuang Dadi, der Jadekaiser und Herrscher des Himmels, sehr erbost. Er befahl daraufhin allen vier Drachengöttern, die für den Regen zuständig waren, drei Jahre lang nicht einen einzigen Tropfen Wasser fallen zu lassen. Der Drachengott jedoch, welcher für den himmlischen Fluss zuständig war, hatte Mitleid mit den dürstenden Menschen. Er widersetzte sich dem Befehl seines Herren und ließ es regnen. Als Yuhuang Dadi davon erfuhr, verbannte er den ungehorsamen Drachen unter einen Felsen. Auf diesem Felsen ließ er zur Abschreckung eine Stele errichten, die folgende Inschrift trug:

Der Drachenkönig hat die himmlischen Regeln gebrochen,
indem er es regnen ließ.
Zur Strafe muss er tausend Jahre auf der Erde verweilen.
Sollte er jemals wieder in den himmlischen Palast zurückkehren dürfen,
dann nur, wenn aus goldenen Bohnen Blumen sprießen.

Um den gutherzigen Drachengott zu erlösen, suchten die Menschen überall nach den goldenen Bohnen. Am zweiten Tag des zweiten Mondmonats des nächsten Jahres fanden die Bauern die Lösung. Als sie das Korn droschen, bemerkte ein kluger Kopf, dass die goldenen Körner Bohnen glichen und man die leeren Ähren als Blüten ansehen könnte. So begann jede Familie zu dreschen, und anschließend wurden Tische aufgestellt, auf denen man die Körner und Ähren als Opfergaben darbrachte. Der Drachengott hob seinen Kopf und sah das alles. Nun wusste er, dass die Menschen ihn retten wollten. Er rief Yuhuang Dadi zu: „Die goldenen Bohnen haben geblüht, bitte lass mich frei!"

Da blieb dem Himmelsgott nichts anderes übrig, als den Drachengott in den Himmel zurückzurufen und ihn sein Amt wieder ausführen zu lassen.[14]

Wu Zetian merkte schnell, dass sie einen Fehler begangen hatte, und zeigte öffentliche Reue. Sie bot Gaozong sogar dreimal ihren Rücktritt an, aber der Mann, der auf ihre Hilfe angewiesen war, erlaubte ihr natürlich, weiterhin als Regentin zu fungieren.

Die Reformen

In den folgenden Jahren versuchte Wu Zetian dem Volk Erleichterungen zu verschaffen und ihren Beliebtheitsgrad zu verbessern. 674 wurden folgende Dekrete erlassen:

1. Die Steuern auf Seide werden gesenkt, und die Arbeiter in der Seidenproduktion werden vom Wehrdienst befreit.
2. Das brachliegende Land entlang der Stadtmauer wird den Bauern überlassen, damit mehr Nahrungsmittel als Vorrat für eine eventuelle Dürre angebaut werden können.
3. Im Sinne einer friedlichen buddhistischen Lehre wird die Streitmacht verringert und die Extrasteuer für die Grenzsoldaten wird künftig vom Staat übernommen.
4. Die kaiserliche Regierung muss bei den unwichtigen öffentlichen Arbeiten haushalten.
5. Investitionen in Tempel und Klöster, sowie Spenden an die Mönche sollen maßvoll sein.
6. Die Dauer der Trauerzeit für eine Mutter wird künftig die gleiche sein wie die für einen Vater.
7. Den Untertanen wird erlaubt, mit den Regenten zu kommunizieren und sich über ungerechte Gesetze und korrupte Beamte zu beschweren.

Die Kronprinzen

Li Hong

Da Gaozong zu schwach war, bat er Li Hong, seinen ältesten Sohn mit Kaiserin Wu Zetian, als Kronprinz die Morgenaudienzen abzuhalten. Der nun 27 Jahre alte Mann zeigte sich dieser Aufgabe gewachsen und war allgemein beliebt. Leider verscherzte er es sich mit seiner Mutter, da er es wagte, selbständig Entscheidungen zu treffen. Folgende Begebenheit wurde berichtet:

Überraschende Begegnung
Eines Tages spazierte der Kronprinz in den Palastanlagen und kam in eine verlassene Gegend. Erstaunlicherweise traf er hier zwei Wächter an, die er fragte, was ihre Aufgabe sei. So erfuhr er, dass im angrenzenden Gebäude zwei Frauen gefangen gehalten würden. Li Hong schaute nach und entdeckte Erstaunliches: Es handelte sich um Prinzessin Yiyang und Prinzessin Xuancheng, die Töchter von Kaiser Gaozongs ehemaliger Lieblingskonkubine Xiao Liangdi, die auf Befehl Wu Zhaos zusammen mit Kaiserin Wang getötet worden war. 19 Jahre hatten die Damen nun schon in Verbannung gelebt. Li Hong veranlasste die Freilassung der über 30 Jahre alten ehemaligen Prinzessinnen und berichtete dem Kaiser davon. Natürlich war Wu Zetian über die Eigenmächtigkeit ihres Sohnes äußerst erbost, sie ließ sich aber nichts anmerken. Schnellstmöglich verheiratete sie die Damen mit zwei Männern der Palastwache, obwohl ihnen Ehegatten aus noblen Familien zugestanden hätten.[15]

Nur wenige Monate später wagte es Li Hong, seine Mutter zu kritisieren. Er warf ihr herzloses Verhalten gegenüber ihrer Schwiegertochter, der ersten Ehefrau Zhongzongs, vor. Diese junge Frau, Tochter einer der Nichten Gaozongs, war nach Ansicht von Wu Zetian ein bisschen zu nett zum Kaiser. Nichts Intimes war bisher

geschehen, und Wu Zetian sorgte dafür, dass es auch in Zukunft nicht dazu kommen würde. Sie ließ die Eltern der Frau ohne stichhaltige Gründe in die Provinz verbannen, und sie selbst bei Wasser und Brot in ein Gebäude einsperren, wo sie nach kurzer Zeit verhungerte. Der schwache Zhongzong wagte es noch nicht einmal, seine Frau zu besuchen. [16]

Das Verhältnis von Mutter und Sohn wurde zunehmend schwieriger, da Li Hong weiterhin Kritik übte, und Wu Zetian keinen ungehorsamen Sohn tolerierte. Als Li Hong im vierten Mondmonat des Jahres 675 plötzlich starb, munkelte man im Volk, seine Mutter habe ihn vergiften lassen.[17]

Li Hsien

Nach dem Tode Li Hongs musste wieder ein neuer Kronprinz bestimmt werden. Der nächste, der altersmäßig in Frage kam, war Li Hsien, von dem Historiker behaupteten, er sei nicht der Sohn Wu Zetians, sondern der ihrer Schwester Holan. Am 1. Juli 675 erhielt nun Li Hsien, immerhin war er der dritte Sohn von Kaiser Gaozong, den Titel, und für eine Weile schien die Nachfolge gesichert zu sein. Li Hsien war 21 Jahre alt, also erwachsen, und er hatte selbst schon einen Sohn. Doch schon bald fühlte er sich in seiner Position nicht mehr gesichert. Spekulationen über seine Herkunft kamen ihm zu Ohren, und dann wurde ihm zugetragen, dass seine Mutter oft einen berühmten Wahrsager namens Ming aufsuchte. Dieser Mann sollte behauptet haben, Li Hsien besäße nicht die Physionomie eines Thronfolgers – eine Aussage mit Folgen. Im Jahre 679, als sich der Hof in Luoyang befand, wurde der Wahrsager Ming von Banditen überfallen und getötet. Der Verdacht, dass der Kronprinz seine Hand im Spiel hatte, kam der Kaiserin zu

Ohren, und sie ordnete eine Untersuchung an. Schnell fand man heraus, dass der Kronprinz, der Wein und Frauen liebte, eine Affäre mit einer Hofdame hatte, die er mit Geld und Seide großzügig beschenkte.

Das war für kaiserliche Verhältnisse nicht schwerwiegend, aber im Rahmen der Untersuchungen wurden verbotene Waffen und einige hundert Rüstungen in den Ställen des Östlichen Palastes entdeckt, dort wo Li Hsien residierte. Als man seine Geliebte verhaftete, gestand sie, dass sie auf Anordnung des Kronprinzen den Mord an dem Wahrsager arrangiert hatte. Nun gab es genug Beweise für eine Verschwörung, und damit das Volk sah, dass alles mit rechten Dingen zuging, wurden die konfiszierten Waffen auf einer Brücke inmitten von Luoyang öffentlich verbrannt. Li Hsien musste ins Exil, ebenso zehn seiner Freunde, jeder jedoch an einen anderen Ort, damit sie nicht miteinander kommunizieren konnten. Und abermals stellte sich die Frage der Nachfolge. Diesmal fiel die Wahl auf Zhongzong, den Sohn, der eigentlich schon vor seiner Geburt zum Priester bestimmt worden war.

Tod, Nachfolge und Grablegung

des Kaisers Gaozong

Gegen Ende des Jahres 683 wurde Kaiser Gaozong abermals sehr krank. Ein paar Monate bevor er im Alter von 55 Jahren starb, verfasste der Kaiser ein letztes Testament und verfügte darin, dass seine Gemahlin Wu Zetian (nun 56 Jahre alt) weiterhin eine aktive Rolle in der Regierung des Landes haben solle. Sie müsse als Regentin ihren 27jährigen Sohn Zhongzong unterstützen und als Schiedsrichter in allen wichtigen Entscheidungen auftreten, welche die Verteidigung und die Administration des Landes betrafen.

Zhongzong

Zhongzong, ein verwöhnter junger Mann, hatte nie damit gerechnet, Kaiser zu werden, und bis zu diesem Zeitpunkt sein Leben im Müßiggang genossen. In zweiter Ehe war er mit einer ehrgeizigen Dame aus dem Hause Wei verheiratet, deren Ratschläge er bedingungslos befolgte. Umgehend ernannte er nach dem Tod seines Vaters seine Ehefrau offiziell zur Kaiserin, und das Ehepaar sonnte sich im Glanz der Macht. Kaiserin Wei war entschlossen, die Stelle von Wu Zetian einzunehmen. Anstelle vorsichtig vorzugehen und abzuwarten, machte das junge Herrscherpaar den Fehler zu verkündeten, dass wichtige Posten bei Hof sofort von Mitgliedern des Wei-Clans eingenommen werden sollten. Wei Xuanjen, der wohlhabende und einflussreiche Vater der neuen Kaiserin und somit Schwiegervater des Kaisers, würde die Position des Premierministers erhalten. Das rief bei den Staatsbeamten einen Tumult hervor, und Zhongzong ärgerte sich, weil man seine Vorschläge nicht akzeptieren wollte. Wütend rief er aus:

„Wir könnten Wei Xuanjen das ganze Kaiserreich geben, wenn wir wollten, das Amt des Premierministers ist nur eine Lappalie.“

Natürlich wurden diese Worte umgehend Wu Zetian zugetragen und diese handelte. In die größte Audienzhalle rief sie eine Versammlung aller Minister und Palastangestellten ein. Auch Zhongzong erschien, ganz unaufgeregt. Er nahm an, dass es sich bei dem Treffen um Spenden für die Buddhisten handelte oder dass seine Mutter nun ihren Rückzug ankündigen würde. Da stürzten plötzlich in rote Seide gekleidete Soldaten der Palastwache in die Halle und nahmen Kaiser Zhongzong gefangen. Dieser schrie, er sei unschuldig, doch Wu Zetian rief:

„Ihr habt das ganze Kaiserreich Wei Xuanjen angeboten, das ist ein Verrat am eigenen Thron!"

Die Wachen ergriffen den Kaiser, und nach nur sechswöchiger Regierungszeit wurde er zusammen mit seiner schwangeren Gemahlin ins Exil geschickt. Hier fristete er die folgenden Jahre seines Lebens als Prinz, bis er nach einem Staatsstreich im Jahre 705 als Tang-Kaiser wieder an die Macht kam.

Erstaunlicherweise erhob der Hof keinen Einwand gegen die Verbannung des jungen Kaisers, denn man hatte gesehen, dass der 27jährige verwöhnte Mann es nicht mit seiner Mutter, einer erfahrenen 58jährigen Regentin aufnehmen konnte. Man wusste: Wu Zetian war intelligent; sie verstand die Kunst des Regierens und der politischen Verhandlungen, sie beherrschte die Verwaltung, sie wählte ihre Angestellten sorgfältig aus, und sie besetzte keine hohen Posten mit Familienmitgliedern. Das Volk war zufrieden, denn die Bauern konnten in Ruhe ihre Felder bestellen, und die Soldaten erhielten ihren gerechten Lohn. Die Minister entschieden pragmatisch: Es war besser, es regierte eine Frau, die sie kannten, das Land, als ein hitzköpfiger, überheblicher junger Mann.

Ruizong

Nach der Verbannung von Zhongzong, wurde Prinz Ruizong zu dessen Nachfolger ernannt. Ruizong war Wu Zetians jüngster Sohn und neben Prinzessin Taiping ihr Lieblingskind. Sie hatte ihn länger als üblich bei sich in ihrem Palast behalten, und der Knabe war von Kindermädchen und Dienerinnen umgeben gewesen, die ihm jeden Wunsch erfüllten. Nun zeigte sich der *„Goldene Junge"* im Alter von 22 Jahren als ein schwacher Mann, der es nicht wagte,

seiner Mutter zu widersprechen, und der zurückgezogen im Inneren Palast lebte. Die Mutter erklärte dem Hof, dass der neue Kaiser Ruizong unter einem Sprachproblem leide, und sie deshalb für ihn sprechen würde.

Nach dem Tode

Am 15. Tag im 5. Mondmonat des Jahres 684, fast ein halbes Jahr nach Kaiser Gaozongs Tod, verließ Kaiser Ruizong mit dem Sarg seines Vaters Luoyang, um diesen in Chang'an zu beerdigen. Kaiserinwitwe Wu wollte ursprünglich selbst mit, aber sie fürchtete Unruhen, falls sie nicht in Luoyang blieb. Der Sarg wurde mit einem von Pferden gezogenen Wagen transportiert. Tausend Soldaten gaben ihm Geleit. Alle Männer waren in weiße Leinengewänder gekleidet, mit einer Kopfbedeckung aus gleichem Material, entsprechend der traditionellen Trauerkleidung. Die Prozession kam nur langsam voran und erreichte die Hauptstadt erst einen Monat später. Da das Mausoleum in Qianling (80km westlich von Chang'an) noch nicht fertig war, obwohl 100000 Männer daran arbeiteten, wurde der Sarg vorläufig im alten Palast aufgebahrt, wo Höflinge und Beamten ihrem verstorbenen Kaiser die letzte Ehre erweisen konnten.[18] Drei Monate später war das Mausoleum vollendet.

19

Am 11. Tag des 8. Mondmonats im Jahre 684 erfolgte hier zu früher Morgenstunde die Beerdigung des ehrenwerten verstorbenen Kaisers Gaozong. Zuerst hielt sein Sohn, der neue Kaiser Ruizong, eine Rede und dann spielte Trauermusik. Anschließend hoben Diener den Sarg auf einen Wagen. Dieser letzte Sarg bestand aus drei Teilen, einem inneren Sarg, in dem die Leiche lag, und um diesen befanden sich zwei äußere Särge. Sechs dicke Seile, jeweils 10 Meter lang, waren an jede Seite des Wagens gebunden, der diesmal nicht von Pferden, sondern von 1000 weißgekleideten Leibwächtern gezogen wurde. Zu jeder Seite marschierten 64 Trauermusiker, deren Musik begleitet wurde von 150 Klagenden, welche die kaiserliche Familie lautstark beim Wehklagen unterstützten. Als der Zug die Grabanlage erreichte, hielt er für eine Weile an. Die Prinzessinnen und alle anderen weiblichen Begleiter standen westlich des Sarges, die Höflinge und weitere männliche Begleiter östlich. Alle weinten laut. Anschließend wurde dem Geist des Verstorbenen Wein geopfert, und ein Höfling hielt eine allerletzte Trauerrede. Nun konnte der Sarg in die Grabkammer gerollt werden, wo man ihn mit einer Decke belegte und auf einer Plattform postierte. Sklaven rollten das Gefährt dann hinaus und verbrannten es neben der Grabstätte.

Wandgemälde – Palastdamen

Damit dem Kaiser auch im Totenreich nichts fehlte, schmückte man die Grabkammer aus. An den Wänden hingen kunstvoll gewebte Teppiche und Gemälde, rund um den Sarg stapelten sich Porzellan und irdene Krüge, da gab es Perlen, Schmuck, Seide und sogar die Bücher, die dem Verstorbenen im Leben Freude bereitet hatten.

Dann wurde der Eingang zum Grab mit zwei steinernen Platten verschlossen. Davor stapelte man Steine auf, deren Zwischenräume mit flüssigem Eisen gefüllt wurden, sodass eine undurchdringliche Mauer entstand. Niemand sollte die Totenruhe des Kaisers stören.

In der westlichen Hauptstadt Chang'an begannen am 100. Todestag des Kaisers die Arbeiter mit dem Bau einer großen Tempelanlage zu seinem Gedenken.

Sie erhielt den Namen „Daxianfu Si", was so viel wie „Tempel des aufbewahrten Glücks" bedeutete. Im Jahre 690 wurde die Anlage dann auf Veranlassung der nun offiziell regierenden Kaiserin Wu Zetian umbenannt in „Jianfu Si" „Tempel des ausströmenden Glücks". Hier durfte später der Mönch Yi Jing nach seiner langen Wanderschaft in Ruhe seine Schriftrollen übersetzen.[20]

TEIL VII

WU ZETIAN AUF DEM WEG NACH OBEN

(655-683)

Vorbereitung zur Machtergreifung

Wu Zetian versuchte auf mehrere Arten das Wohlwollen der Bevölkerung zu erhalten und gleichzeitig ihre Macht am Hof zu festigen. Dazu erfand sie Mittel und Wege, die Kommunikation mit den Untertanen zu fördern und den Adel mehr unter Kontrolle zu bringen. Ein Versuch war der *„Herzstein"*. Im Jahre 685 ließ die Regentin in einer unbewachten Audienzhalle am Kaiserhof eine laut tönende Trommel und einen riesigen *„Herzstein"* aufstellen. Jeder, selbst der geringste Sklave, konnte eintreten, die Trommel schlagen und eine Audienz bei einem Beamten erhalten, der die Wünsche des Bittstellers der Kaiserin vortragen würde. Sollten die Leute nicht mit einem Beamten sprechen wollen, so konnten sie frei und anonym die Halle betreten, zu dem *„Herzstein"* gehen und dort ihre Sorgen loswerden. Ein unsichtbarer Beamter notierte alles und überbrachte es der Kaiserin.

Eine weitere Idee der Einflussnahme auf die Bevölkerung war die *„Urne"*. Es handelte sich hierbei um ein bronzenes Gefäß, den *„Behälter der Wahrheit"*, in dem Informationen für die Regierung gesammelt werden sollten. Diese Urne besaß vier getrennte Fächer, jedes mit einer bestimmten Bedeutung. In den Schlitz des ersten steckte man Selbstempfehlungen und Vorschläge zur Verbesserung der Landwirtschaft und der Lebensumstände. Das zweite Fach war für Kritik an der Regierung vorgesehen, das dritte für Berichte über Ungerechtigkeiten und das letzte schließlich für Prophezeiungen, Omen und Geheimbünde. Die Urne wurde auf einem öffentlichen Platz in Luoyang aufgestellt, damit die Bürger jederzeit Informationen einwerfen konnten.

Unglücklicherweise hieß es, dass jedermann, auch Hausangestellte und selbst Sklaven, das Recht hatte, die Herrschaften zu

denunzieren und auf Kosten des Staates in die Hauptstadt zu reisen. Viele machten sich auf eine Vergnügungsreise, insbesondere da falsche Anschuldigungen nicht bestraft wurden.[1]

Trotz dieser Maßnahmen brach gegen Ende des Jahres 685 in den Provinzen eine Revolte aus, die jedoch schnell niedergeschlagen wurde. Den Aufstand steuerten Beamte, die dorthin strafversetzt waren. Ein Manifest eines Rebellen namens Luo Binwang, in dem ein Schreckensbild der Kaiserin gezeichnet wurde, kam in Umlauf. Natürlich spielte man Wu Zetian das Schriftstück umgehend zu. Ihre Reaktion löste Erstaunen aus, denn sie strafte nicht den Verfasser, sondern rügte ihre Minister, weil sie auf einen Mann mit solch schriftstellerischem Talent nicht früher aufmerksam geworden waren. Dieser zur Schau gestellte Edelmut hinderte sie aber nicht daran, ein Netzwerk von Spionen und Informanten aufzubauen, welche die Anhänger der Revolte eliminierten. Eine Welle des Terrors durchlief das Land, in der nicht nur die Schuldigen zu Tode kamen.

Wu Zetian fühlte sich aber immer noch nicht sicher und berief im Jahre 686 eine „Geheimpolizei" unter den Zensoren Zhou Xing und Lai Juchen. Diese Organisation schaltete schnell alle bisherigen staatlichen Sicherheitsorgane aus und fand ihre Opfer meist unter den höheren Literaten-Beamten und den adligen Familien der Zentralverwaltung. Mord, grausame Folter, Hinrichtung und Verbannung waren die Folge. Auch mehrere Prinzen aus dem Li-Clan wurden ermordet. Im Jahre 692 erhoben Wu Chengsi, ein Neffe der Kaiserin, der auf den Thron spekulierte, und Lai Juchen, Chef der Geheimpolizei, eine falsche Anschuldigung wegen Verrats gegen sieben ehrliche Hofbeamte, die das grausame und eigensüchtige Verhalten der beiden Zensoren gerügt hatten. Unter den Beschuldigten befand sich auch der ehrenwerte Richter Dee. Alle sieben Männer wurden ins Gefängnis geworfen. Lai Juchen wünschte, dass sie sich

schuldig bekannten, ansonsten würden sie so lange gefoltert, bis sie es nicht mehr aushalten könnten.

Richter Dee bekannte sich freiwillig schuldig, da er die Folterungen fürchtete, aber Lai Juchen wollte sämtliche Widersacher umbringen und es wie Selbstmord aussehen lassen. Er fälschte daher sieben Schriftstücke an die Kaiserin, in denen die Angeklagten sich für die Anordnung der Todesstrafe bedankten.[2] Da Richter Dee einen Verrat zugegeben hatte, wurde er besser behandelt als die anderen Inhaftierten, und das machte sich der kluge Mann zunutze. Auf das seidene Innerfutter seines Mantels schrieb er eine Nachricht, in der er seine Lage schilderte. Dann bat er seinen Wächter, den Mantel zu seinem Sohn zu bringen und gegen einen leichteren auszutauschen, da das Wetter wärmer geworden sei. Der Wärter versprach sich eine Belohnung und führte den Auftrag aus. Als der Sohn die Nachricht las, machte er sich sofort auf den Weg zur Kaiserin. Einige Zeit später wollte Lai Juchen Wu Zetians Zustimmung zur Tötung der sieben Hofbeamten. Ein zehnjähriger Junge, Sklave im kaiserlichen Palast, folgte zufällig der Unterhaltung. Ohne Überlegung rief er aus:

„Majestät, Ihr könnt diesem Mann nicht trauen. Ich bin hier als Sklave, weil er meine unschuldige Familie fälschlicherweise angeklagt hat und umbringen ließ!"

Wu Zetian ordnete an, Richter Dee zu ihr zu bringen, und fragte ihn, warum er sich für schuldig erklärt habe. Seine Antwort lautete:

„Wenn ich mich geweigert hätte, das Verbrechen zu gestehen, wäre ich schon zu Tode gefoltert worden und würde jetzt nicht mehr hier stehen."

Man konnte Lai Juchen nachweisen, dass die Dankesschreiben gefälscht waren, und so wurden die sieben Angeklagten freigesprochen.[3]

Alle Hofbeamten, die mit Lai Juchen gearbeitet hatten, mussten vor der Kaiserin erscheinen und um Vergebung bitten. Auf Wu Zetians Frage:

„Warum habt ihr seinem schändlichen Tun keinen Einhalt geboten?" antworteten sie: „Wenn wir Eure Majestät verärgern, werden nur wir persönlich bestraft. Hätten wir Lai nicht gehorcht, wären alle unsere Angehörigen auf Grund falscher Beschuldigungen zu Tode gekommen."

Die Kaiserin vergab ihnen.

Wu Chengsi, der ehrgeizige Neffe der Kaiserin, verfolgte weiterhin seinen Plan, ihr Nachfolger zu werden. Dazu musste er zuerst den legalen Thronfolger Ruizong, aus dem Weg schaffen. Chengsi verbündete sich mit dem gefürchteten Lai Juchen, und die beiden planten, den Prinzen zuerst in Verruf zu bringen und dann zu beseitigen. Als eines Tages zwei untergeordnete Beamte den Prinzen Ruizong in seinem Gewahrsam im Östlichen Palastflügel besuchten, behauptete man, der Prinz trage sich mit dem Gedanken, den Thron zurückzuerobern. Wu Zetian, über den unerlaubten Besuch informiert, machte kurzen Prozess. Die beiden unschuldigen Beamten wurden ohne Gerichtsverhandlung mit einer längst abgeschafften grausamen Methode, der Vierteilung, öffentlich hingerichtet. Das Volk sollte sehen, was mit Verschwörern geschah.

Als nächstes richtete Wu Chengsi sein Augenmerk auf die beiden Ehegattinnen des Prinzen, die Damen Dufei und Liufei. Er stiftete

die Lieblingszofe der Kaiserin an zu behaupten, die Schwiegertöchter hätten aufbegehrt und vor Ohrenzeugen den Tod der Kaiserin gewünscht. Nicht lange danach forderte Wu Zetian die beiden jungen Frauen zu einem Spaziergang im Park auf. Die Kaiserin kam zurück, ihre Schwiegertöchter aber blieben verschwunden und wurden nie mehr erwähnt. Ruizong mimte den gefügigen, pflichtgetreuen Sohn und fragte nicht einmal nach.

Weiteres Unheil konnte er trotzdem nicht verhindern, denn kurze Zeit nach dem Verschwinden der beiden Frauen erschienen Lai Juchen und Wu Chengsi ohne Wissen der Kaiserin im Östlichen Flügel des Palastes. Diesmal sollten die anwesenden Diener und Mägde bezeugen, dass der Kronprinz mit den Beamten einen Staatsstreich geplant hatte. Es soll sich so zugetragen haben:

Ein Verhör
Die üblichen Folterwerkzeuge wurden gut sichtbar zur Schau gestellt und die Auspeitschungen begannen. Lakaien, Eunuchen und Mägde waren restlos eingeschüchtert und bereit alles, was Lai von ihnen verlangte, zu bejahen. Da geschah ein Wunder: Ein Mann namens An, der gleichfalls verhört werden sollte, aber nicht zum Haushalt gehörte, rief plötzlich aus: „Das dürft ihr nicht tun! Es ist eine Lüge, eine Lüge! Der kaiserliche Erbe ist unschuldig!" Ehe man sich's versah, zückte An ein Messer, entblößte seinen Bauch, schlitzte ihn auf und riss sich die Gedärme aus dem Leib. Gleich darauf lag er bewusstlos in einer Blutlache da. Sein Selbstmord sollte ein Protest sein.

Es herrschte eine allgemeine Verwirrung. Die Mägde liefen schreiend davon, und ein Hausangestellter eilte zur Kaiserin, um sie über die Vorgänge zu unterrichten. Wu Zetian erschien umgehend und war entsetzt von dem grauenhaften Anblick. Sofort ließ sie den kaiserlichen Leibarzt kommen, der versuchte, den Mann am Leben zu erhalten.

*Zuerst wurde die Wunde mit Fasern der Maulbeerbaumrinde zuge-
nüht und verbunden und dann mit reichlich Schornsteinruß bedeckt,
um eine Entzündung zu verhüten. Der Kranke erholte sich allmählich,
die Kaiserin besuchte ihn öfters und erkundigte sich nach seinem Wohlergehen. Er durfte im Palast bleiben, bis er gesund war, und wurde
dann vom Prinzen und der Kaiserin mit Geschenken entlassen.* [4]

Kronprinz Ruizong lebte weiterhin unauffällig im Östlichen
Palast.

Der Mönch Xue Huaiyi

Im Jahre 684 traf Wu Zetian Xue Huaiyi, einen Mann von zwei-
felhafter Herkunft. Huaiyi, ein selbsternannter Händler, verkaufte
Kräuter und kosmetische Produkte in den Straßen von Luoyang.
Dieser Beruf hatte im mittelalterlichen China einen Beigeschmack
von Zauberei und Lüsternheit. In der Vorstellung der Menschen war
es nur ein kleiner Schritt vom Verkauf von Parfüm zum Verkauf
von Arzneien und Gift. Ein Damenzimmer (Boudoir) in Luoyang
war ein Ort, an dem Lügen verbreitet und Intrigen gesponnen
wurden; hier trafen sich Konkubinen, Zweitfrauen, Dienstmäd-
chen und Prostituierte. All diese Frauen hatten nur einen einzigen
Wunsch, den Männern zu gefallen. Man kämmte die langen Haare
und band sie zu kunstvollen Frisuren, man suchte passende Kleider
und Accessoires, probierte Cremes und Salben aus. Oft enthielten
die Produkte okkulte Inhaltsstoffe, wie zum Beispiel Vogelblut und
exotische Kräuter.

Schönheit war eine Droge, und Männer wie Huaiyi handelten
damit. Um ihre Klienten versorgen zu können, kamen die Händler mit allen Gesellschaftsschichten in Berührung und zuweilen

in gefährliche Bereiche. Sie kauften von armen Bauern das Haar für Perücken oder sie rasierten wehrlose Sklaven und Kriegsgefangene kahl; für geschmolzenes Gold und zerstoßene Jade handelten sie mit Dieben. Ihr Klientel waren nicht nur die Damen am Hofe, sondern sie verkauften auch Puder und Cremes an misshandelte Sklaven und Prostituierte, damit diese ihre Wunden und Brandmarken überdecken konnten. Die Händler beschränkten sich nicht auf äußere Heilmittel, sondern boten auch Mixturen an, die eingenommen werden mussten. Ein Gemisch aus Nelken und Kampfer sollte für frischen Atem sorgen. Dreimal am Tage ein Löffel Saft aus Melonenkernen und Mandarinenschale versprach eine strahlende Haut. Der Verkauf von Kosmetikartikeln machte den Mann gleichzeitig zu einem Amateur-Alchimisten. Er produzierte neutrale Lösungen, indem er harmloses Reispulver nahm, dann Bleiweiß dazu gab, um ein Make-up herzustellen. Mit Zinnober (Quecksilbersulfid) mixte er das Rouge für die Lippen, und zur Herstellung von Nagellack nahm er Knoblauch.

Huaiyi, der Kosmetikhändler, verkehrte auch am Kaiserhof und versorgte dort Prinzessin Qianjin, eine jüngere Schwester des verstorbenen Kaisers Gaozong, mit allem, was die fünfzigjährige Frau zur Erhaltung ihrer Schönheit benötigte. Zuerst schickte die Prinzessin ihre Dienstmagd, um die Produkte abzuholen, aber eines Tages begegnete sie dem Händler persönlich und war von ihm tief beeindruckt. Da Qianjin und Wu Zetian im selben Palast lebten, ergab es sich, dass sie sich von Zeit zu Zeit trafen und unterhielten. Im Laufe eines dieser Gespräche empfahl die Prinzessin der Kaiserin den Händler als einen „Mann mit ungewöhnlichen Talenten" – eine Empfehlung, die schwerwiegende Folgen haben sollte.[5]

Wu Zetian, die ihrem Gatten Gaozong zu Lebzeiten treu gewesen war, beorderte nun zwei Jahre nach seinem Tod diesen Mann mit den „ungewöhnlichen Talenten" zu sich. Es dauerte nicht lange, bis er freien Zugang zum Palast hatte. Die Kaiserin erklärte Huaiyi zum Priester, damit er nicht kastriert werden musste, denn kein zeugungsfähiger Mann durfte ihre Räume betreten. Schon bald ernannte Wu Zetian den ehemaligen Kräuter- und Parfümhändler zum Bischof des Klosters „Zum Weißen Pferd" und konnte ihn von diesem Zeitpunkt an unter dem Vorwand religiöser Besuche jederzeit treffen. Im Laufe der Zeit gestand Wu ihrem Favoriten immer mehr Rechte zu, was von den Ministern am Hof nicht gern gesehen wurde.

Ming Tang und Tien Tang

Zum Zeichen ihrer Gläubigkeit und als Verbindung zu den himmlischen Göttern plante Wu Zetian, einen neuen Tempel erbauen zu lassen. Das Gebäude, genannt „Ming Tang", war „Shangdi", der obersten Göttin des Himmels, gewidmet. Es sollte in Zukunft für die wichtigsten Zeremonien und als Audienzhalle genutzt werden und gleichzeitig die Macht der Kaiserin und ihre harmonische Beziehung zum Pantheon darstellen. Huaiyi, der neue Favorit, wurde mit der Oberaufsicht des Baus betraut. Mit Enthusiasmus und Vitalität gelang es ihm, das Volk von diesem Projekt zu überzeugen. Im Jahre 688 begann die Arbeit und zehntausende Arbeiter wurden verpflichtet, damit die großartige Anlage schnellsten fertiggestellt werden würde.

Am 11. Februar des Jahres 689 war es so weit, Ming Tang, die „Halle der Erleuchtung", konnte eingeweiht werden. Huaiyi hatte ein prächtiges Bauwerk entworfen. Es war 300 Fuß breit und 294 Fuß hoch, bestand aus zwei quadratischen unteren Stockwerken und einem runden oberen Stockwerk, das von einem 10 Fuß großen eisernen vergoldeten Phönix gekrönt wurde.

Niemand wollte sich zu dem Phönix äußern, obwohl normalerweise ein Drache als Symbol der Macht zu erwarten gewesen wäre. Es brauchte sich jedoch keiner Sorgen zu machen, denn schon nach kurzer Zeit wurde der Phönix von einem böigen Wind vom Dach gefegt und nie wieder dort oben befestigt. An seine Stelle kam eine Kugel, die mit Spiegeln und Prismen ausgestattet Tag und Nacht feurig strahlte und auf ihre Weise die Herrlichkeit Wu Zetians demonstrierte. Von allen kaiserlichen Riten, die während der Tang-Dynastie durchgeführt wurden, war die zehntägige Einweihungsfeier des Ming Tang die größte und spektakulärste.

Nördlich des Ming Tang ließ die Regentin noch einen zweiten, etwas kleineren Tempel, den „Tien Tang" in Form einer Pagode errichten. Obwohl er fünf Stockwerke hoch war, konnte man ihn nicht mit dem prächtigen Ming Tang vergleichen. Kaum fertiggestellt wurde Tien Tang von einem starken Sturmwind zerstört, und selbst die riesige Buddha-Statue, die sich in seinem Innern befand, zerbrach in tausend Stücke. Wu Zetian glaubte diesmal nicht an einen Fingerzeig des Himmels und befahl sofort den Wiederaufbau – 10.000 Arbeiter wurden angestellt, die Holz aus einer entfernten Provinz für die Rekonstruktion beschaffen mussten.

Prophezeiung aus dem Fluss

Auf dem Weg zur Machtergreifung machte sich die Kaiserinwitwe Prophezeiungen zunutze. Ob sie nun selbst ihr Schicksal bestimmte oder andere zum Handeln beauftragte ist ungewiss. Im Frühjahr 688 wurde im Fluss Luo ein weißer Stein mit einer seltsamen Aufschrift gefunden. Wu Chengsi, der rege Neffe, brachte diesen Fund voller Stolz in den Palast, denn dieser wundersame Stein trug eine Inschrift, bestehend aus acht Schriftzeichen. Sie lautete:

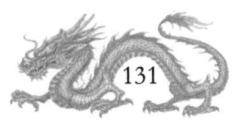

„Die weise Mutter wird über die Menschen herrschen,
und ihr Reich wird eine ewige Blütezeit erfahren!"

Wu Zetian glaubte sehr gerne an diese vielsagende Verkündigung, und während der folgenden zwei Monate ließ sie die Nachricht im ganzen Land verbreiten. Zu einem feierlichen Akt lud sie zahlreiche Adlige des Landes ein, dazu Gouverneure, Statthalter, Abgesandte der Tributstaaten und Prinzen des Tang-Clans. Mitten in der Stadt Luoyang ließ sie am Flussufer einen Altar errichten, um hier den Fund zu feiern. Am 12. Tag des 12. Mondmonats 688 fand die feierliche Zeremonie statt. Es schneite leicht an diesem Morgen und die Landschaft wurde in helles Weiß getaucht. Der Prozessionszug war gute 500 Meter lang. Da kamen Soldaten auf Pferden und Soldaten zu Fuß. Alle schwenkten Banner oder trugen Waffen, große Trommeln und andere Musikinstrumente wurden auf Wagen transportiert. Auch viele Minister hatten die Einladung angenommen, ebenso Heeresführer und Stammesfürsten. Alle folgten einer Anzahl kaiserlicher Kutschen; in einer von ihnen reiste Wu Zetian. Auf dem großen Platz versammelten sich unzählige Bürger der Stadt, doch es herrschte Totenstille. Als Wu Zetian sich in kaiserlichem Ornat zur Plattform begab, erklang die Musik, die sie zu diesem Anlass selbst komponiert hatte.

Oben angekommen verharrte sie einen Moment und blickte sinnend auf die Berge um Luoyang und das Volk zu ihren Füßen. Am Altar nahm sie den wunderbaren Stein, der ihr vom Zeremonienmeister überreicht wurde, vor aller Augen ehrfürchtig in Empfang. Danach verkündete sie den Anbruch der Ära *„Ewiger Wohlstand"* und gab sich selbst den Titel *„Weise Mutter, Göttliches Oberhaupt."* Zum Abschluss der Zeremonie sprach sie den Fluss Luo heilig und erließ ein Edikt, welches das Fischen im heiligen Luo verbot.[6]

Wu Zetian nutzte die Anwesenheit aller wichtigen Männer des Landes, um ihnen die neu errichtete Ming Tang zu zeigen. Aufmerksame Beobachter bemerkten, dass sie bei der Darbietung der Opfer die Insignien der früheren **Zhou-Dynastie** (1046 v. Chr.-256 v. Chr.) trug.[7] Auch den Einwohnern von Luoyang wurde erlaubt, das teure Gebäude, das zum großen Teil mit ihren Steuern bezahlt worden war, zu besichtigen. In Zukunft hielt Wu Zetian alle großen Zeremonien in diesem *„Palast der zehntausend göttlichen Erscheinungen"* ab.

Um die Bedeutung ihrer Herrschaft zu untermauern, führte Wu Zetian etwas später im gleichen Jahr den Zhou-Kalender ein. Von nun an begann das Mondjahr mit dem Monat November. Voller Tatendrang entwarf sie dann noch etwa ein Dutzend neuer Schriftzeichen. Es waren meist Zeichen für einfache Wörter wie *„Tag"* oder *„Monat"*, die wichtigste Neuerung war jedoch ein neuer Name beziehungsweise ein neues Siegel für sie selbst.

Das Wort hatte in der oberen Hälfte *ming* (Sonne und Mond zusammen, bedeutend hell leuchtend) und in der unteren Hälfte *kong* (Leere, Himmel, Luft, bedeutend immerwährender Glanz). Daraus ergab sich ein Strahlen ohne Ende, da die Sonne am Tag und der Mond in der Nacht leuchtet oder: Sonne und Mond bringen Licht in die Leere.

Das Große Wolke Sutra

Xue Huaiyi, Abt des Tempels *„Zum Weißen Pferd"*, Vertrauter und Unterstützer der Regentin, verhalf ihr schließlich zu unerwarteter Größe. Er entdeckte zusammen mit einigen vertrauten Mönchen ganz zufällig das *„Große Wolke Sutra"*, einen Text, der eine Verkündigung enthält.

Das war ein Fund von größter Bedeutung, denn bei dem Text handelte es sich um die Verkündung von Buddhas letzter Inkarnation, nämlich als *„Maitreya,*

8

einer weiblichen Gottheit". Das Wunderbare daran war Folgendes: Unter der Herrschaft dieser Göttin würden die Ernten reichlich ausfallen, und es würde unbändige Freude herrschen, die Bevölkerung könnte ohne Sorgen und Krankheit leben und die Herrscher der Nachbarstaaten würden erscheinen und ihre Untertanentreue bekunden. Alles würde herrlich werden, denn die Anzeichen wiesen darauf hin, dass diese Göttin nur Wu Zetian sein konnte. Sie würde als neue Herrscherin des chinesischen Kaiserreichs die Tang-Dynastie durch die Zhou-Dynastie ersetzen. Die Vorstellung, tatsächlich die Inkarnation von Maitreya zu sein, wurde für Wu Zetian nach und nach zur Gewissheit.

Um auch das Volk davon in Kenntnis zu setzen, ließ sie unzählige Kopien des Sutra drucken und bis in die entlegensten Winkel des Landes schicken. Gleichzeitig stellte sie Mittel bereit, um

in jedem Distrikt einen „Tempel der Großen Wolke" mit Maitreya-Skulpturen und Abbildungen zu errichten. Das einfache chinesische Volk betete zu diesen Bodhisattwas, den erleuchteten Wesen, deren Gesicht ein mitfühlendes Lächeln zeigte, das den leidenden Menschen gütig zugewandt war. Den Gläubigen wurde ein recht einfaches Bekenntnis abgefordert: *„Bete zu Maitreya, und er wird in der Zukunft in die Welt kommen und Erlösung bringen!"*

Als Vorgeschmack auf die herrlichen Zeiten, die anbrechen würden, erließ Wu Zetian für sämtliche Gouverneure und Magistrate folgende Anweisungen:

9

Alle Familien von gefallenen Soldaten müssen versorgt werden, reiche Mitbürger sind angehalten, ihnen bei der Aussaat und Ernte zu helfen. Die wohlhabenden Leute sollen sparsam sein und kein protziges Leben führen. Traditionen und Bräuche sind zu pflegen, junge Leute in heiratsfähigem Alter sollen die Ehe eingehen, damit das Volk wachse und gedeihe.[10]

Da kam der Kaiserin auch eine alte Prophezeiung wieder in den Sinn. Sie erinnerte sich: Zur Zeit Taizongs war der Planet Venus 33 Tage lang hintereinander mit unheimlicher Strahlkraft am Himmel zu sehen gewesen, und die Astrologen hatten dies als Vorzeichen

für den künftigen Aufstieg einer Frau zur Macht erklärt. Die Prophezeiung hatte ja gelautet, ein weiblicher Regent namens Wu Wang würde über die Tang herrschen.11 Wu Zetian ließ diese Prophezeiung erneut aufleben, und zu ihrer großen Freude wurde sie vom Volk und einigen konservativen Gelehrten wieder aufgegriffen. Als nun noch ein Phönix, Symbol der Kaiserin, auf dem Dach des Palastes gesichtet wurde, und sich hunderte roter Sperlinge, ein Zeichen großen Wohlstandes, in der Audienzhalle versammelten, schien die Zeit reif zum Handeln.

Nun wollte die nur in Vertretung ihres Sohnes Ruizong herrschende Regentin endlich offiziell Kaiserin werden. Im Sommer des Jahres 690 gestattete sie ihrem Neffen Chengsi einen Antrag zu stellen, um die Einsetzung einer neuen Dynastie zu verlangen. Die neue Dynastie sollte den Namen **Zhou** tragen, den Namen der alten Dynastie, auf welche Wu Zetian schon mehrmals Bezug genommen hatte. Ein Zensor legte der Regentin den Antrag vor, und sie wies ihn gemäß chinesischer Sitte zurück. Daraufhin wurde eine weitere Bittschrift mit 60.000 Unterschriften präsentiert. Hier hatten alle Beamten, die überlebenden Tang-Verwandten der Li-Familien, die wichtigsten Mitglieder der buddhistischen und taoistischen Zentren, die großen Familien der Provinzen und sogar die Stammesführer der Tributstaaten unterschrieben. Auch diese zweite Bittschrift wurde abgelehnt. Erst ein drittes Gesuch, nun eingebracht von dem dazu gezwungenen „offiziellen Kaiser Ruizong", wurde von Wu Zetian gnädig bewilligt. Ruizong, darauf bedacht am Leben zu bleiben, bat gleichzeitig darum, den Familiennamen Wu zu erhalten.

TEIL VIII

ENDLICH OFFIZIELLE KAISERIN
(690–699)

Am 9. Tag des 9. Monate des Mondjahres 690

Ausrufung der Zhou-Dynastie

Der 9. September des Mondjahres 690 markierte einen Wendepunkt in der chinesischen Geschichte: Das vorläufige Ende der Tang-Dynastie und den Beginn der Zhou-Dynastie. Die Kaiserin erschien höchstpersönlich auf dem vorderen Turm des Palastes, ließ das Edikt verlesen und eine allgemeine Amnestie verkünden. Bevor dieser Gnadenerlass allerdings verlesen wurde, war der Blutrichter Lai Juchen so vorsichtig gewesen, die wichtigsten Gefangenen umbringen zu lassen.

Am 13. September wurden die Namen sämtlicher Prinzen des Hauses Tang aus der Adelsliste gestrichen. Die Wus – der Neffe Chengsi und 12 andere – wurden zu Prinzen, ihre Schwestern und Kusinen zu Prinzessinnen ernannt. Am selben Tag erfolgte die feierliche Einweihung von sieben Ahnentempeln des Wu-Clans in Luoyang. Es waren genau sieben, und sieben war die Zahl, die der kaiserlichen Familie vorbehalten war. Man hatte im Jahre 684 in weiser Voraussicht schon die Ahnentafeln aus dem alten Tempel in Chang'an geholt und hier in Luoyang untergebracht. Das war ein Privileg, welches vorher nur der kaiserlichen Li-Linie vorbehalten war. Während die Ahnen der Kaiserin Wu Zetian ebenfalls bereits im Jahre 684 bis zu fünf Generationen zurückgefürstet worden waren, wurden sie nun bis zu sieben Generationen zurück in den kaiserlichen Rang erhoben und mit kaiserlichen Ehren bedacht. Die Ahnentempel der Tangs wurden degradiert; sie verloren den Zusatz „kaiserlich" und fungierten fortan unter dem Namen „Tempel genussreicher Tugend". Vier der sieben Tempel wurden umgehend geschlossen. Die Einweihungsfeier des ersten Wu-Ahnentempels wurde als ein großes Fest geplant, und Gerüchten zufolge sollten an diesem Tag auch einfache Menschen aus dem Volk in die Familie der Kaiserin aufgenommen werden.

Der damalige Geschichtsschreiber Shu soll folgende Rede gehalten haben:

Worte des Geschichtsschreibers Shu

In ihrer unendlichen Mildtätigkeit setzt die Kaiserin zur Feier des neuen Zeitalters, das nun angebrochen ist, ihre sieben Gnadenakte in Kraft, mit denen sie dem gemeinen Volk – ganz im Geiste des neuen Zeitalters – das Leben erleichtern will. Sie will euch, die ihr alle zu ihrer großen Familie gehört, beweisen, dass Barmherzigkeit und Mitleid nicht nur leere Worte sind. Aus diesem Grund hat sie angeordnet, die Steuern zu senken, das Land neu zu verteilen, die Zahl der Zwangseinberufungen ins Kaiserliche Heer zu senken, Sklaven und Diener freizulassen, die Todesstrafe abzuschaffen und jeder Familie Reis für ein halbes Jahr zu schenken.

Obwohl heute nur wenige auserwählt werden können, sollt ihr wissen, dass ein jeder von euch der Kaiserin am Herzen liegt und zu ihrer Familie gehört, der alten und ruhmreichen Familie Wu, die, wie ich, euer ergebener Diener Shu, herausgefunden habe, bis zu den ersten Herrschern der Zhou-Dynastie zurückreicht, die vor vielen Jahrhunderten, zu Beginn der glorreichen Geschichte des Kaiserreichs, die Geschicke unseres Landes lenkte. Aus Anlass dieser Entdeckung haben die Kaiserin und der junge Kaiser erklärt, dass die Dynastie nun den Namen Zhou tragen soll."[q]

Die Menge brach in großen Jubel aus.

Wu Zetian hatte ihr Ziel erreicht, sie war ein *„weiblicher Kaiser"* geworden, gab sich selbst den Namen *„Heiliger Kaiser"* und verlieh in einem Gnadenakt der Stadt den Beinamen *„Heilige Kaiserstadt"*. Mit all dem machte sie einen weiteren Schritt auf dem Wege zur Selbstvergötterung. Nach dem Erreichen dieses Ziels konnte sich die Regentin angenehmeren Aufgaben widmen.

Feste am kaiserlichen Hof

Das Leben am kaiserlichen Hof wurde äußerst abwechslungs-
reich, denn Wu Zetian liebte es, großartige, glamouröse Feste zu
veranstalten. Galazeremonien, Danksagungsfeierlichkeiten, jähr-
liche Festtage und Musikshows lösten einander ab. Sie arbeitete
selbst an der Gestaltung der Darbietungen mit und zeigte dabei
Talent und Kreativität. So wird von einem Neujahrsfest im Jahre
693 berichtet:

Eine fantastische Schau
In einem Teil des Ming Tang, dem sogenannten „ Göttlichen Palast
der Unzähligen Bilder" tanzten 900 Tänzer ein Stück mit dem Titel
„Lied des Göttlichen Palastes", das Wu Zetian selbst komponiert hatte.
Die „Hymne von der Langlebigkeit der Weisen" zeigte eine bunte
Fusion aus Tanz und Kalligraphie. Die Tanzenden wurden begleitet
von asiatischen Trommeln. Man erzählte, ihr donnernder Klang sei
tausend Meilen weit über Berge und durch Täler gedrungen. In diesem
großartigen öffentlichen Musical trugen 140 Tänzer vergoldete Bronze-
kronen und fünffarbige Gewänder, die mit Kalligraphiezeichen bemalt
waren. In ihren seidenen Tüchern wirbelten sie gleich einer fließenden
Schrift umher, gefolgt von 16 koordinierten Bewegungen, bei denen die
Körper den Text eines Gedichtes darstellten, ein Wort nach dem ande-
ren. Es handelte sich dabei um eine Lobpreisung der Kaiserin, dieser
weisen Frau; und den Wunsch für ein langes Leben.

Die Weise überschreitet tausend Vorzeiten
indem sie dem erhabenen Pfad der Hundert Könige folgt.
Lang lebe die Kaiserin
gesegnet und im Wohlstand.[2]

Die Kaiserin komponierte auch ein Musikstück mit dem Titel
„Tausend Jahre Vogelsang". Dazu wurde sie durch den Gesang von

verschiedenen Vögeln, darunter Papageien und Beos, inspiriert, die oft als Geschenke oder als Tribut in Luoyang eintrafen und am Hof in Käfigen gehalten wurden. Palastangestellte machten es sich zur Aufgabe, den Vögeln das Sprechen beizubringen. Sobald Wu Zetian vorbeiging, sollten sie rufen *„Lang lebe die Kaiserin!"* In diesem Musikstück wurde das Singen der Vögel imitiert. Drei Tänzer mit Federbüschen auf dem Haupt und gekleidet in seidene Gewänder mit dunkelroten Ärmeln ahmten Flugbewegungen nach. Auch andere Lieder, von der Kaiserin selbst verfasst, mit Titeln wie *„Die weiße Taube"* oder *„Nächtlicher Flug des Vogels vom Turm"* wurden mimisch dargestellt und erfreuten Hofleute und Besucher.[3] Die Theateraufführungen und Singspiele mit ihren Hofleuten und engagierten Künstlern zeigten die menschliche Seite dieser grausamen Regentin. Hier war sie nicht nur Herrscherin über ein riesiges Reich, sondern eine ganz natürliche Frau, die sich an der Kunst, der Natur und der Tierwelt erfreute. Ihren Mitbewohnern wollte sie einmal ihr gutes Verhältnis zu Tieren demonstrieren, was leider misslang. Hinter vorgehaltener Hand schmunzelte man am Hof über folgende Geschichte:

Die Katze und die Papageien

Im Frühjahr 692 lebte Kaiserin Wu Zetian nun schon viele Jahre in Luoyang und hatte ihre Angst vor Katzen überwunden. Jetzt liebte sie es sogar, die Tiere in ihrer Nähe zu haben und mit ihnen zu spielen und sie zu dressieren. Eines Tages kam sie auf die Idee, ihre Lieblingskatze zusammen mit zwei Papageien in einem Käfig zu halten, um das friedliche Miteinander zu demonstrieren. Da die Katze immer gut gefüttert wurde, bestand für die Vögel keine Gefahr. Wu Zetian war von dem Verhalten ihrer Tiere so begeistert, dass sie das Wunder dem Hof vorführen wollte.

So brachte sie eines Morgens den Käfig mit zur Audienz und ließ ihn herumreichen, damit jeder sehen konnte, wie gut sie die Katze

abgerichtet hatte. Unglücklicherweise, wahrscheinlich wegen der unge-
wohnten Umstände oder weil sie nicht satt geworden war, schnappte
sich die Katze einen Papagei, tötete ihn und begann ihn zu verspeisen.
Die Kaiserin war keineswegs belustigt, denn sie fürchtete, man könne
das Geschehen als ein schlechtes Omen deuten.[4]

Das schriftstellerische Werk Wu Zetians entsprach ganz dem
Zeitgeist, denn die Tang-Dynastie war eine Epoche der kulturellen
Vielfalt, in der Maler und Dichter einzigartige Kunstwerke schufen. Wu Zetian selbst werden 46 Gedichte zugeschrieben, die in
den Annalen vermerkt sind. Eines ihrer sogenannten „Palast-Ge-
dichte" erzählt von einem Neujahrsfest in der östlichen Hauptstadt
Luoyang:

> *Ein Abendbankett zum Jahresbeginn*
> *Weinschalen gleiten vorüber*
>
> *Nun beginnt der Frühling,*
> *die beste aller Jahreszeiten:*
> *tausend Häuser öffnen*
> *zur Nacht ihre Tore weit.*
> *Frische Flammen flackern*
> *aus Orchideen-Laternen.*
> *Ein Schein umgibt des neuen Mondes Sichel.*
> *Diese Gabe Wein ist gerade genug.*
> *Lasst Schale um Schale den Fluss hinuntergleiten –*
> *zu knapp bemessen, wird alles vergeblich sein.*
> *Wenn meine Adligen und Gesandten*
> *die Freude des sonnenroten Trankopfers spüren,*
> *erst dann dürfen sie sich entfernen*
> *und schwimmend, auf dem Luo-Fluss reitend*
> *wieder die werden,*
> *die sie in Wirklichkeit sind.[5]*

Shangguan Wan'er – die wunderbare Sekretärin

In den Chroniken der Tang-Dynastie wird nur eine einzige Frau erwähnt, die ebenfalls poetisch veranlagt war und engen Kontakt mit der Kaiserin hatte, obwohl sie nicht zur Familie gehörte. Es handelt sich um Shangguan Wan'er, die wunderbare Sekretärin.

Shangguan Wan'er im Stelenmuseum Xi'an[6]

Shangguan Wan'er war die Enkelin des in Misskredit geratenen Kanzlers Shangguan Yi. Nachdem ihr Großvater und ihr Vater im Januar des Jahres 665 hingerichtet worden waren, kam das Mädchen zusammen mit ihrer Mutter als Sklavin an den kaiserlichen Hof. Die Mutter, Dame Zheng, unterrichtete ihre Tochter im Lesen und Schreiben, und die Kleine zeigte sich dabei sehr talentiert. Mühelos schrieb sie Gedichte und Lieder.

Eines Tages sah die Kaiserin einige von Wan'ers Gedichten und ließ sie zu sich kommen. Nach kurzer Unterhaltung wies sie das Mädchen an, zu einem bestimmten Thema eine Geschichte zu

schreiben. Das Ergebnis gefiel Wu Zetian so gut, dass sie die 13jährige Wan'er zu ihrer Sekretärin machte. Wan'er wurde im Laufe der Zeit zur engsten Vertrauten der Kaiserin, und schon im Jahre 696 war sie imstande, selbständig kaiserliche Edikte zu verfassen und jedwede Schreibarbeit zu erledigen. Natürlich gestaltete sich der Umgang mit der Kaiserin nicht immer einfach, und als Wan'er eines Tages einen Befehl der Herrscherin nicht ausführte, drohte ihr der Tod. Wu Zetian wollte jedoch auf ihre tüchtige Sekretärin nicht verzichten und ließ sie deshalb nicht hinrichten. Die geringere Strafe war eine Tätowierung im Gesicht. Wan'er trug daraufhin immer eine asymmetrische Frisur, wobei die eine Seite ihrer Stirn von Locken bedeckt war. Böse Zungen erklärten die seltsame Frisur folgendermaßen: Eines Tages flirtete Wan'er während eines Festes mit einem der Zhang-Brüder. Als die eifersüchtige Wu Zetian das bemerkte, zog sie ein goldenes Messer und verletzte Wan'er damit an der Stirn. Trotz dieser Verletzung blieb das Verhältnis der beiden Frauen vertrauensvoll, denn Wan'er war nicht nur Sekretärin, sondern mit der Zeit auch Beraterin der Kaiserin geworden.[7]

Wu Zetian, ihr Glaube und die Mönche

Ein unwillkommenes Edikt

Im 5. Mondmonat des Jahres 691 erließ die Kaiserin ein Edikt, das sie im Volk als gläubige Buddhistin darstellen sollte. Es lautete:

> *„Ab sofort ist das Schlachten von Tieren und das Fangen von Fischen und Schalentieren bei Strafe verboten!"*

Diese Anweisung traf die Bevölkerung natürlich schwer, und nicht jeder wollte sich an das Verbot halten. Es wurden deshalb Zensoren beauftragt, das neue Edikt durchzusetzen beziehungsweise zu überprüfen, ob es auch eingehalten wurde. Lou Shide, ein kaiserlicher Sittenrichter, kam eines Tages in eine Stadt, um nach dem Rechten zu sehen. Dort geschah Folgendes:

Ein Inspektionsbesuch

Als der Bürgermeister von dem bevorstehenden Besuch des Inspektors hörte, befahl er seinem Koch wie gewöhnlich, ein Lamm zu schlachten und ein köstliches Mahl zu bereiten. Als Lou Shide das Fleisch sah, kritisierte er den Koch. Dieser sprach jedoch: „Herr, das Lamm war schon tot, ein Wolf hat es gerissen, und da es schon tot war, habe ich es einfach gebraten." Der Inspektor meinte lächelnd. „Dieser Wolf weiß, wie man einen Gast behandelt!" Als nächstes wurde ein Fisch serviert, und wieder meinte der Inspektor, dass solches nicht erlaubt sei. Der Koch antwortete daraufhin: „Der Wolf hat auch den Fisch totgebissen!" Da wurde Lou Shide ärgerlich: „Du hättest zumindest sagen können, ein Otter hat den Fisch getötet, dann wäre die Lüge nicht so offensichtlich gewesen.[8]

Auch Zhang De konnte sich mit der neuen Vorschrift nicht anfreunden, besonders, da es einen Grund zum Feiern gab.

Die Geburtstagsfeier
Zhang De, ein Beamter des Hofes, veranstaltete ein Fest für seine Freunde. Es war der dritte Tag nachdem ihm ein Sohn geboren worden war, und das musste entsprechend gefeiert werden. Heimlich schlachtete er deshalb ein Schaf. Du Su, ebenfalls ein Hofbeamter, befand sich unter den geladenen Gästen. Dieser Mann ließ sich das Fleisch wohl schmecken, verbarg dann noch eine Scheibe unter seinem Gewand und machte sich auf den Heimweg. Am nächsten Morgen schickte er einen Bericht an die Kaiserin und legte das Fleischstück als Beweis bei. Während der folgenden Morgenaudienz sprach Wu Zetian zu Zhang De: „Ich freue mich, dass dir ein Sohn geboren wurde, aber woher hattest du das Fleisch?" Zhang De fiel entsetzt auf die Knie und entschuldigte sich. Die Kaiserin aber fuhr fort:„Wenn du Gäste einlädst, solltest du sie vorher sorgfältig aussuchen!", und sie zeigte dem Knienden das Schriftstück. Du Su schämte sich sehr, und die übrigen Hofbeamten bespuckten ihn als Zeichen ihrer Verachtung.

Als Wu Zetian von den Begebenheiten erfuhr, ergänzte ihr Edikt: Bei wichtigen Angelegenheiten durfte es außer Acht gelassen werden.[9]

Die Longmen-Grotten

Als weiteres Beispiel ihrer Gläubigkeit veranlasste Wu Zetian den Bau mehrerer Tempel und Buddha-Statuen. Besonderes Augenmerk legte sie dabei auf die „Longmen-Grotten", auch Drachentor-Grotten genannt. Der Name leitet sich von einer Engstelle des Yihe-Flusses ab, die hier das Aussehen eines Tores hat, durch das der Drache schlüpft. Diese Grotten, die sich etwa 13 Kilometer südlich der Kaiserstadt Luoyang befinden, waren für die Buddhisten von großer Bedeutung, denn schon seit dem fünften Jahrhundert

wurde an ihnen gebaut. Zum Ende der Tang-Dynastie gab es 1352 Höhlen und 750 Nischen, in denen 97.306 Statuen herausgemeißelt oder aufgestellt waren. 39 kleine Pagoden und 3608 Inschriften an den Felswänden zeugten zusätzlich von der hohen Bedeutung dieses buddhistischen Zentrums.[10] Dame Yang, die Mutter der Kaiserin, hatte sich dort schon als gläubige Buddhistin wohltätig erwiesen und sowohl einen Tempel errichten als auch eine zerfallende Buddha-Statue restaurieren lassen. Seit Kaiserin Wu Zetian sich selbst als Inkarnation von Maitreya ansah, musste sie in diesen Grotten ebenfalls ein Zeichen setzen.

So gab sie für den *„Fengxian-Tempel"* den Bau einer Statue des Maitreya-Buddha in Auftrag. Dieses Bauwerk war ihr so wichtig, dass sie von ihrem eigenen Besitz 20.000 Geldstränge zur Verfügung stellte, denn dieser Buddha sollte ihrem Portrait im Alter von 44 Jahren ähneln. Zur Weihe der Statue erschien die Kaiserin mit großem Gefolge. Die Gläubigen wohnten dem Ritual der *„Einführung des Lichtes"* bei. Während dieser Zeremonie öffnete Buddha angeblich sein spirituelles Licht und teilte es mit anderen. Der ungefähr 17 Meter hohe Buddha zeigte die Charakteristika einer orientalischen Schönheit und galt damals als eine der schönsten Buddhastatuen der Welt.

11

Der Mönch Yi Jing

Im Jahre 695 kehrte der Mönch Yi Jing nach einer langen Reise und intensiven Studien mit über 500.000 buddhistischen Versen in Sanskrit und zahlreichen Übersetzungen endgültig nach China zurück. Kaiserin Wu Zetian bereitete ihm einen hochoffiziellen Empfang in Luoyang. Sie erinnerte sich dabei an Kaiser Taizong und dessen berühmten Mönch Xuanzang, und schätzte sich nun glücklich, ihren eigenen weitgereisten Mönch zu haben. Höchstpersönlich begrüßte sie Yi Jing an der Spitze eines großen Gefolges am Osttor der Stadt. Ihr Wunsch war es, dass der Gelehrte seine Arbeit am kaiserlichen Hofe fortsetzen würde. Yi Jing verspürte jedoch wenig Lust, in einem belebten Palast untergebracht zu werden, da er in Ruhe seine Studien fortsetzen wollte. Die Kaiserin zeigte Verständnis, und der Mönch durfte sich ins Kloster *„Jianfu Si"* (Tempel des ausströmenden Glücks) in Chang'an zurückziehen. Dort wurden ihm eine Anzahl chinesischer Gelehrter und indischer Fachleute, die sich in China niedergelassen hatten, zur Verfügung gestellt. Mit Hilfe dieses Stabes übersetzte Yi Jing nicht weniger als 56 Schriften. Im Jahre 713 starb er friedlich im Alter von 79 Jahren. [12]

Das Ende des Favoriten

Indessen betraute Wu Zetian ihren Geliebten Huaiyi, den sie zum Mönch erkoren hatte, immer wieder mit wichtigen Aufgaben. Als eines Tages die Turkvölker die Grenze bedrohten, schickte sie ihn sogar mit einer Armee nach Norden, klugerweise jedoch nicht ohne den Beistand eines erfahrenen Generals und mehrerer Offiziere. Die Türken gaben sich geschlagen, und der Mönch kehrte, ohne viel zum Sieg beigetragen zu haben, ruhmreich nach Luoyang zurück. Die bevorzugte Behandlung durch die Kaiserin stieg Huaiyi schließlich zu Kopf, und sein anmaßendes Benehmen verärgerte nicht nur die Hofbeamten, sondern auch die Regentin. Zudem buhlten neue Anwärter um ihre Gunst. Da waren zum einen ihr Leibarzt, auf den der Mönch besonders eifersüchtig war, aber auch eine Gruppe buddhistischer Nonnen, die vorgaben, wundersame Kräfte zu besitzen.

Eines Nachts, im Frühjahr 695, konnte Huaiyi seine Eifersucht und Wut nicht mehr bändigen und legte, um Wu Zetian zu verletzen, im Ming Tang Feuer. Heftiger Wind fachte die Flammen an, und am nächsten Morgen waren von dem prächtigen Gebäude nur noch zerbrochene Ziegel und Asche übrig, selbst der mächtige Buddha war in tausend Stücke zerborsten. Wu Zetian war sich bewusst, dass Huaiyi für das Unglück verantwortlich war, aber um ihr Gesicht zu wahren, gab sie bekannt, dass Diener achtlos Hanf verbrannt und herumfliegende Funken das Feuer ausgelöst hätten. Sofort ordnete sie den Wiederaufbau an. Huaiyis Tage waren jedoch gezählt. Der Mönch wurde kurze Zeit später unter einem Vorwand in den Palast gelockt und von den Garden zu Tode geprügelt. Seinen Leichnam legten sie in einen gewöhnlichen Karren und schickten ihn zum Kloster des *„Weißen Pferdes"*. Dort wurde er verbrannt, und man mischte seine Asche mit Erde, die zum Bau einer Pagode benutzt wurde.[13]

Die göttlichen Stelen

Wu Chengsi, der ehrgeizige Neffe der Kaiserin, der schon den Stein im Fluss entdeckt hatte, versuchte aufs Neue, das Bild der Kaiserin zu stärken. Er schlug mit Unterstützung der Stammesführer vor, dass zu Ehren von Wu Zetian *„Göttliche Stelen"* aufgestellt werden sollten, auf denen die Wohltaten der Kaiserin zu lesen

sein würden. Diese Säulen sollten am südlichen Tor der Hauptstadt Luoyang platziert werden, sodass jeder Besucher der Stadt sie sehen musste. Der Kaiserin gefiel die Idee, und sie gab den Auftrag ihrem Hofbeamten namens Yao Chou, der 250.000 Kilo Messing und 1.650.000 Kilo Eisen für die Herstellung beschaffte. Er befahl dem Techniker Mao Poluo, Gussformen für acht achteckige Kupfersäulen herzustellen. Diese sollten 35 Meter hoch sein und einen Durchmesser von vier Metern haben. Das Podest, auf dem die Säulen stehen würden, sollte aus Eisen gefertigt werden und das Design eines Berges haben. Rund um die Säulen sollten Reliefs von Drachen, Löwen und Einhörnern aus Kupfer zu sehen sein, über ihnen Wolken und über den Wolken schließlich vier Drachen, welche die himmlische Perle hielten. Am ersten Tag des vierten Mondmonats im Jahre 696 waren die „Göttlichen Stelen" fertig. Neben den Reliefs hatten Künstler auch die Namen verdienter Minister und Lobpreisungen der Kaiserin eingraviert. Die „Göttlichen Stelen" strahlten im hellen Sonnenlicht und ein weiteres Monument verherrlichte in der Stadt Luoyang die wundersame Regentin.[14]

Eine Pilgerreise zum Berg Song

Nachdem die Zhou-Dynastie gegründet war, beschloss die Kaiserin im Jahre 695 als Dank und Fürbitte, eine Pilgerreise zum „*Berg Song*" zu unternehmen. Dieser heilige Berg lag inmitten des Zhou-Gebietes und war deshalb besser zu erreichen als der berühmte „*Tan Shan*", auf dem sie schon mit ihrem Gatten Gaozong Opfer dargebracht hatte. Anfang des Winters machte sich Wu Zetian mit ihren Hofleuten und einer großen Anzahl Leibwächter auf den Weg. Zehn Tage brauchten sie bis zum Ziel, und es war ein eiskalter windiger Tag, als sie am Gebirge ankamen. Die Zeremonie musste auf dem höchsten Berg der Gebirgskette, dem 1440 Meter

151

hohen Berg Song durchgeführt werden, doch die Kaiserin störte das nicht. Stolz stand die 72jährige Wu Zetian dort oben auf einer vorher angefertigten Plattform und führte die vorgeschriebenen Rituale aus – eine souveräne Herrscherin, der einzige weibliche Kaiser.

Am Fuß des Berges war ein provisorischer Palast aufgebaut worden, vor dem Wu Zetian eine letzte Opferzeremonie abhielt. Anschließend gab es ein neuntägiges Dankesfest für jedermann. Die Minister wurden befördert, den Landwirten wurde ein Jahr Steuerfreiheit zugesagt, und es erfolgte eine Amnestie für die Gefangenen. Am Tage der Amnestie kam ein Hahn angeflogen und ließ sich auf dem obersten Ast einer schwarzen Eiche südlich des Altars nieder. Als das laute Krähen des Hahns durch die Lüfte schallte, sah Wu Zetian darin ein glücksbringendes Zeichen des Himmels, und sie verlieh der Eiche den poetischen Namen *„Baum des Goldenen Kikeriki“*.[15]

Die Brüder Zhang

Im Jahre 696 war Huaiyi, der Mönch mit den besonderen Eigenschaften, nun schon seit längerer Zeit tot, und die alte Dame Wu sehnte sich nach jüngerer männlicher Gesellschaft. Da machte ihre Lieblingstochter Taiping sie mit einem Mann namens Zhang Changzong bekannt. Dieser junge Mann, Enkel eines distinguierten Ministers, war Ende zwanzig, schaute gut aus, musizierte und sang dazu mit wohltönender Stimme. Wu Zetian ließ sich gerne von ihm unterhalten, und als sie ihn mit Geschenken und Vergünstigungen überhäufte, gefiel ihm das so gut, dass er auch seinen älteren Halbbruder, Zhang Yizi, bei Hofe einführte. Beide Männer erschienen gerne in bunte Seidenroben gehüllt, die Gesichter nach Art der Opernsänger geschminkt, und führten Schauspiele

auf, die ihre Zuschauer amüsierten. Wu Zetian war besonders von der Jugendlichkeit der Männer angetan. Eines Tages hörte Wu Zetian ihren Neffen Wu Chengsi behaupten, der wunderschöne jüngere Zhang-Bruder sei die Reinkarnation eines Weisen aus der Zhou-Dynastie, der auf einem Kranich zum Himmel geflogen sei. Diese Idee inspirierte die Kaiserin, und sie ließ ein Schauspiel verfassen, in dem Zhang, geschmückt mit einem Federkleid und die Flöte spielend auf einem hölzernen Vogel mit Hilfe einer Art Kran in die Höhe gezogen wurde. Es sah gerade so aus, als ob er gen Himmel flöge. Die Schriftgelehrten des Hofs wurden aufgefordert, Gedichte zum Lob seiner Schönheit zu verfassen. Die Hofbeamten indes sahen die Zhangs nur als Scharlatane an und waren äußerst erbost, als die Brüder nicht nur mit wertvollen Geschenken überhäuft wurden, sondern ihre Familienangehörigen auch noch hohe Posten erhielten.

Im Jahre 699 begann die Kaiserin erstmals unter Gesundheitsproblemen zu leiden, und sie bemühte sich verstärkt, Mittel für ein langes Leben zu finden. Eines Tages gründete sie für die Zhang-Brüder ein neues Amt mit dem Namen „*Büro des Kranichs*". Der Kranich galt seit Urzeiten als ein Symbol der Langlebigkeit, und es hieß, der Vogel würde die taoistischen Unsterblichen zum Himmel führen. Nun wurden Schriftsteller und Schüler angestellt, die Texte zu Taoismus, Konfuzianismus und Buddhismus sammeln und verfassen sollten, vielleicht gab es Hoffnung auf Langlebigkeit? Im Laufe der Zeit entstand ein 1313 Kapitel umfassendes Werk mit dem Titel „*Perlen und Blüten der drei Glaubensrichtungen*". Es handelte sich dabei um eine Anthologie aus Geschichten und Biografien, rituellen Codes und politischen Manifesten; taoistischen, konfuzianischen und buddhistischen Texten. Doch nirgends stand geschrieben, wie man die Langlebigkeit erreichen könnte.

TEIL IX

SCHWIERIGE LETZTE JAHRE
(699-705)

Khan Mochuo

Während der frühen 690er Jahre verlief militärpolitisch alles ruhig im Reich der Mitte, die Koreaner verhielten sich still, auch die Turkvölker machten keine Schwierigkeiten, der Handel florierte, und sowohl Tribute als auch Steuern wurden pünktlich entrichtet. Die Kaiserin brauchte sich keine Sorgen zu machen.

Doch plötzlich kamen von einem Khan namens Mochuo Probleme. Der türkische Khan sah sich selbst als unabhängigen Herrscher und nicht als Vasallen Chinas. Er beanspruchte als Dank für militärische Hilfe bei der Unterwerfung von aufständischen Stämmen von der Kaiserin fruchtbares Ackerland und Geräte, um Nahrungsmittel für seine hungernden Untertanen anbauen lassen zu können. Zudem verlangte er für seine Tochter einen kaiserlichen Prinzen als Gemahl. Wu Zetian versuchte den wilden Mann auf vielfältige Weise zu beschwichtigen. Sie überhäufte ihn mit Titeln, Ehrungen und Geschenken, darunter 70.000 Scheffel Getreidesamen, 3000 landwirtschaftliche Geräte, 20 Tonnen Eisen, Seide, Gold und Silber. Als Ehemann für die Prinzessin schickte Wu Zetian ihren Großneffen Wu Yanxiu, obwohl der Hof protestierte, denn:

„Niemals zuvor wurde ein chinesischer Prinz mit der Tochter eines Barbaren verheiratet!"

Khan Mochuo war aber nicht damit zufrieden, in den Grenzgebieten Chinas zu bleiben. Nun, da er Samen und Werkzeuge besaß, verstärkte sich sein Wunsch nach fruchtbarem Ackerland, und er ließ der Kaiserin eine beleidigende Botschaft überbringen.

156

Ein unfreundlicher Brief
Die Samen, die ihr mir geschickt habt, sind schlecht und nichts wächst daraus. Die Gold- und Silbergeschenke sind unecht und wertlos. Die Insignien, welche meine Boten erhielten, wurden ihnen wieder abgenommen. Die Seide ist alt und von schlechter Qualität. Meine Tochter ist die Tochter eines Khans und sollte mit dem Sohn eines Kaisers aus dem Li-Klan vermählt werden, denn die Wu-Familie ist unserer nicht würdig. Da ich mich betrogen fühle, werde ich mit meinen Männern vorrücken.[1]

Wu Zetian und Richter Dee

Nach dieser Drohung war die Kaiserin sehr beunruhigt; sie wurde von Albträumen geplagt und suchte Rat. Der einzige Mensch, dem Wu Zetian sich in dieser persönliche Sache anzuvertrauen wagte, war Richter Dee. Ihm erzählte sie ihre Probleme, denn er kannte sie gut und wusste auch, dass die Kaiserin es liebte, sich die Abende mit Spielen zu vertreiben. Eines ihrer Lieblingsspiele war Chinesisches Schach, und klug wie sie war, gewann sie meistens. Doch nun träumte sie plötzlich Nacht für Nacht, dass sie verlor. Beunruhigt bat sie Richter Dee um eine Deutung. Der ehrliche Mann scheute sich nicht, seine Meinung zu sagen, obwohl die Herrscherin in Familienangelegenheiten normalerweise keine Ratschläge annahm. Er deutete den Traum folgendermaßen:

„Das Wort für „Schachfiguren" ist das gleiche wie für „Söhne". Solange Ihr den Himmel erzürnt, weil Ihr Euren Söhnen das Geburtsrecht vorenthaltet und die Neffen favorisiert, werdet ihr nicht mehr ruhig schlafen."[2]

Und als ob der Richter es vorausgesehen hätte, folgte ein weiterer verstörender Traum: Mehrere Nächte hintereinander träumte Wu Zetian nun von einem Vogel. Immer wieder begegnete sie dabei einem riesigen Papagei mit wunderschönem buntem Gefieder. Sobald sie dem Tier nahekam, bemerkte sie, dass seine beiden Flügel gebrochen herabhingen. Obwohl die Kaiserin nach ihrer Thronbesteigung jeglichen Aberglauben verboten hatte, rief sie wiederum Richter Dee zu sich, um ihn zu befragen, was das zu bedeuten hätte. Der Richter interpretierte den Traum ganz in seinem Sinne:

„Das Wort für Papagei heißt wu, und das Schriftzeichen enthält sowohl den Namen Wu als auch das Zeichen des Vogels. Der Papagei symbolisiert somit die Regentin selbst, den großen kaiserlichen Phönix, der China regiert, und die beiden gebrochenen Flügel stehen für die entrechteten Söhne Zhongzong und Ruizong. Sobald die Söhne wieder ihren rechten Platz einnehmen, werden die Flügel wieder schwingen können."[5]

Lange dachte Wu Zetian über diese Deutungen nach, vor allem, da Richter Dee sie schon wiederholt daran erinnert hatte, dass sie ihre Nachfolge regeln müsse. Erst kürzlich hatte er behauptet, ihre Neffen, die nach dem Thron strebten, seien nicht würdig, die Ahnenopfer für sie darzubringen. Plötzlich sah die Kaiserin, die ihr Leben in vollkommenem Luxus verbracht hatte, sich selbst nach ihrem Tode als *„Hungriger Geist"* durch die Lande streifen. Diese Vorstellung entsetzte sie so sehr, dass sie beschloss, ihren Sohn Zhongzong aus der Verbannung zurückzurufen. Wu Zetian veranlasste, dass Zhongzong heimlich aus seinem Exil in den Palast gebracht wurde. Hier versteckte sie ihn hinter einem Vorhang und ließ Richter Dee zu einer Audienz zu sich rufen. Sobald ihr treuer Berater ankam, fragte sie ihn, was er davon hielte, wenn sie Zhongzong an den Hof zurückholte. Bevor er antworten konnte, öffnete Wu Zetian mit einem Ruck den Vorhang, und der Prinz trat hervor.

Da brach Richter Dee vor Freude in Tränen aus. Nach diesem kleinen privaten Intermezzo wurde Zhongzong wieder geheimnisvoll aus dem Palast geschmuggelt, um anschließend mit Pomp und Zeremonien offiziell zurückzukehren.[4]

Danach erklärte Ruizong, der Kronprinz in Wartestellung, bereitwillig seine Abdankung, und somit war Zhongzong zum zweiten Mal kaiserlicher Anwärter auf den Thron. Zusammen mit Richter Dee wurde er umgehend nach Norden geschickt, um die Türken zu befrieden. Obwohl keine große Schlacht gewonnen wurde, gelang es den kaiserlichen Truppen dennoch, Khan Muchuo in die Steppe zurückzudrängen.

Im Frühjahr 699, als Wu Zetian sich erstmals ihres Alters bewusst war, rief sie zu einer familiären Zusammenkunft im Ming Tang. Anwesend waren die Prinzen Zhongzong, Ruizong, deren Schwester, Prinzessin Taiping, die wenigen überlebenden Adligen des Li-Clans und ihre Großneffen und Cousins der Wu-Familie. Alle Anwesenden mussten schwören, dass sie nach dem Tod der Kaiserin in Frieden zusammenleben würden. Dieser Schwur war ihr so wichtig, dass sie die Worte in eine eiserne Platte eingravieren und in die kaiserlichen Archive bringen ließ. Obwohl nun die familiären Verhältnisse geklärt waren, gab es niemanden unter ihren Angehörigen, dem sie vorbehaltlos vertraute. Als im Herbst des Jahres 699 Richter Dee, ihr loyaler Berater, an Altersschwäche verstarb, war sie tief betroffen. Weinend rief sie aus: *„Der Hof ist nun leer!"*

Wu Zetian fand niemanden, der Richter Dee hätte ersetzen können, und so wandte sie sich mehr und mehr für Unterhaltung und Rat an die Zhang-Brüder. Das *„Büro des Kranichs"* hatte sich inzwischen in einen Partyraum verwandelt, wo getrunken, getanzt und gespielt wurde.

Doch nicht nur zu diesem Zeitpunkt, sondern auch während der folgenden Jahre, hielt die alternde Kaiserin ihre Nachsicht gegenüber dem ausschweifenden Verhalten ihrer jungen Freunde aufrecht. Es schien ganz gleich zu sein, welch schwerer Vergehen sie sich schuldig machten. Jeder, der es wagte Kritik zu üben, musste mit dem Tod rechnen. Die verantwortlichen Minister fühlten sich machtlos.

Im Herbst des Jahres 704 wurde Wu Zetian ernsthaft krank. Sie konnte keine offiziellen Aufgaben mehr wahrnehmen und zog sich in einen ruhigen Teil ihres Palastes in Luoyang zurück. Nur den beiden Zhang-Brüdern war es noch erlaubt, sie zu sehen. Da beschloss der Hof zu handeln, die Kaiserin abzusetzen, die Brüder Zhang umzubringen und den Thronfolger Zhongzong zum Kaiser zu erklären.

In der Nacht

Die Verschwörer hatten eine Armee von 500 Männern zusammengestellt, die sich am späten Abend des 20. Februar 705 am Haupttor des Palastes versammelten. Man schickte einen Boten zu Zhongzong, der in den Plan eingeweiht war. Nun bekam der es aber mit der Angst zu tun und er behauptete, er hätte nur dem Tod der Brüder zugestimmt, und nicht der Absetzung seiner alternden Mutter. Erst nachdem man ihn überzeugt hatte, dass er sich unbedingt am Tor zeigen müsse, folgte er dem Boten. In dem Moment, als die Männer Zhongzong sahen, brachen sie das Tor auf und stürmten in den Hof. Vor dem westlichen Pavillon, wo die Kaiserin im Schlaf lag, trafen sie auf die beiden überraschten Zhangs und schlugen ihnen umgehend die Köpfe ab. Der Tumult weckte Wu Zetian auf, und sie begab sich nach draußen, um zu sehen, was los war. Da erblickte sie ihren Sohn und sprach: „Ach, du bist es! Nun, nachdem die beiden Jungen getötet wurden, kannst du in deinen Östlichen Palast zurückkehren."

Nur ganz mild tadelte sie die Rebellen, drehte sich um und ging wieder zu Bett.[5]

Gleich am nächsten Tag übernahm Zhongzong die Macht, und mit einem Mitglied der Li-Familie wurde nun die Tang-Dynastie wieder hergestellt. Der neue Kaiser verlieh seiner Mutter die Titel *„Angehörige des Himmels", „Große Weise", „Kaiserin".*

Dann sorgte er dafür, dass sie in einen abgesonderten Palast westlich der Stadt umgesiedelt wurde. Dort residierte sie das folgende Jahr, krank, aber als geehrte Zuschauerin der politischen Ereignisse, über die sie monatlich vom Hof informiert wurde.

Tod und Grablegung der Kaiserin

Am 16. Dezember 705, im Alter von 81 Jahren, legte Wu Zetian, die einzige Frau auf dem chinesischen Drachenthron, den Titel *„Kaiser"* ab, sie vergab all ihren früheren Feinden und schied aus dem Leben. In ihrem letzten Willen hatte sie festgelegt, dass sie wünschte, neben ihrem Gatten Gaozong in Qianling beerdigt zu werden, und dass ihre eigene Ahnentafel im Ahnentempel des Hauses Tang angebracht werden solle. Der Hof wollte dieser Forderung nicht folgen, aber Zhongzong widersetzte sich. Er ließ die Grabkammer öffnen und erlaubte, dass seine Mutter, Wu Zetian, bei seinem Vater, ihrem Ehemann Gaozong, ihre letzte Ruhestätte fand. Cui Rong, ein hoch geachteter Dichter seiner Zeit, schrieb eine elegante Trauerrede, und am 8. Tag des 5. Mondmonats 706 wurde Wu Zhao im Mausoleum Qianling beigesetzt.

Qianling – das Mausoleum

Dieses gemeinsame Grab von Gaozong und Wu Zhao ist das einzige in der Geschichte Chinas, das zwei kaiserliche Regenten vereint. Obwohl die Mauern und Gebäude, welche die Nekropole bildeten, längst verschwunden sind, liegt das Grab selbst noch unzerstört und ungeöffnet in Qianling, 50 Meilen nordwestlich der modernen Stadt Xi'an.

Der erste Blick des Besuchers fällt nicht auf das Grab selbst, sondern auf Zwillingshügel mit je einem hoch hinausragenden Wachturm, die den Eingang begrenzen. Im Volksmund ranken sich schlüpfrige Geschichten um diesen Ort. Es heißt, die Grabhügel erinnerten den Kaiser an die Brüste der Frau, die er heiratete, wobei er fast sein Kaiserreich verlor. Chinesische Landkarten aus der Zeit zeigen den Süden oben und dadurch ähnelte der Plan der Stätte einem einladenden weiblichen Torso mit ausgestreckten Armen.

Zwischen den beiden Hügeln befindet sich eine lange Geisterstraße, ein breiter gepflasterter Pfad, der eine Meile lang zu dem eigentlichen Grab führt. Zu beiden Seiten stehen riesige Schwerter schwingende Wächter und zwei nicht zusammenpassende Strauße. Diese beiden Tierskulpturen verkörpern zwei lebendige Tiere, welche die Kaiserin von Verbündeten aus Afghanistan erhalten hatte. Sie demonstrieren ein weiteres Merkmal von Wus Leben und Zeit – den intensiven Kontakt des Kaiserreichs mit fremden Völkern. Wus Grab befindet sich in einem Berg, an dessen Fuß mehrere Statuen errichtet wurden, die allesamt ausländische Gesandte darstellen, die Wu Zetian und Kaiser Gaozong ihre Aufwartung machten. Am Eingang des Grabes ragen zwei große Gedenksteine für die kaiserlichen Verstorbenen in die Höhe. Da Gaozong vor der Kaiserin verstarb, hat diese selbst die Grabschrift entworfen, die auf seinen

Stein gemeißelt wurde. Hier werden seine großen Taten und sein nobler Charakter gerühmt.

Wu Zetians eigener Gedenkstein erhebt sich auf der anderen Seite der Geisterstraße – ein imposanter Stein mit zwei geschnitzten Drachen an der Spitze, auf dem die Kaiserin lobende Inschriften ihrer Nachfolger erwartete. Sie glaubte, dort würde man ihr als dem lebenden Gott, dem einzigen Herrscher unter dem Himmel und der einzigen Frau, der jemals solche Ehre zuteil wurde, Tribut zollen. Aber der Stein blieb blank.[6]

Gedenkstein für Gaozong   Gedenkstein für Wu Zetian

NACHWORT

Wu Zetian war die einzige Frau in der Geschichte Chinas, die offiziell Kaiserin wurde. Zwar gab es auch andere Frauen, die als Kaiserinnen durch Heirat oder als Kaiserwitwen Macht und Einfluss ausübten, doch nur Wu Zetian gelang es, den Drachenthron wirklich zu besteigen und souverän zu regieren. Sie allein gründete eine eigene Dynastie, auch wenn diese ihren Tod nicht überdauerte.

Die geschichtlichen Fakten zum Leben von Wu Zetian beruhen größtenteils auf den beiden offiziellen Chroniken der Tang-Dynastie, dem Alten Tang-Schu und dem Neuen Tang-Schu. Die aus den Chroniken übernommenen Schilderungen der Kaiserin sind generell kritisch zu betrachten, vor allem, da die chinesischen Chronisten Frauen in einflussreichen Positionen konsequent verunglimpften, und zu damaligen Zeiten eine herrschende Frau mit den Grundprinzipien des Konfuzianismus unvereinbar war.

Einige Geschichten über den unnützen, grauenvollen Tod ihrer Rivalinnen im kaiserlichen Harem sowie die Behauptung, sie habe ihre Tochter im Kindbett erstickt und den eigenen Sohn vergiftet, als er opponierte, mögen unglaubwürdig sein. Ganz sicher ist jedoch, dass Wu Zetian von Beginn bis zum Ende ihrer langen Karriere für den Tod unzähliger Menschen verantwortlich war. Nur die Fähigkeit, ihren eigenen Mann zu kontrollieren und in seinem Namen zu handeln, sorgte dafür, dass sie nicht selbst einem Mordanschlag zum Opfer fiel. Dennoch mussten selbst Menschen, die sie hassten, ihr Talent als Regentin anerkennen oder sogar bewundern. Die Kaiser-Regentin verbesserte das staatliche Prüfungssystem und hatte die besondere Gabe, die richtigen Beamten auszusuchen. Viele wurden ausgewählt auf Grund ihrer Fähigkeit, Informationen zu erlangen oder Folterungen durchzuführen, aber Wu Zetian fand

ebenso die richtigen Männer, den internationalen Handel aufrechtzuerhalten und die äußeren Feinde zu befrieden.

Gleichzeitig veranlasste sie stets, dass ihr feindlich gesonnene Minister aus der Regierung entfernt und durch Vertraute ersetzt wurden. Zu ihrem eigenen Nutzen setzte sie ihr Talent für Propaganda ein. Sie kultivierte eine Aura übernatürlicher Macht, indem sie angebliche Prophezeiungen veröffentlichte, indem sie von scheinbaren Wundern berichtete, und indem sie grandiose Monumente erstellen ließ, bei deren Anblick die einfachen Menschen in Ehrfurcht erstarrten. Das Volk, so hieß es, war ihr bis zu ihrem Lebensende wohlgesonnen.

Ursprünglich nahm ich an, dass Wu Zetian sich für eine Verbesserung der Lebensbedingungen von Frauen in damaliger Zeit eingesetzt und als Vorkämpferin für die Rechte der Frauen fungiert hätte. Nach dem Studium zahlreicher Quellen und nach der Fertigstellung des Manuskripts bin ich jedoch zu der Überzeugung gekommen, dass die ehrgeizige, intelligente Frau nur für die Rechte und den Aufstieg einer einzigen Frau gekämpft hat – für Wu Zhao, die ehemalige Konkubine.

Die Arbeit an diesem Buch hat mich gefesselt. Ich habe versucht, ein Zeitbild der frühen Tang-Dynastie mit einer erstaunlichen Protagonistin zu zeigen, wobei historische Quellen und Anekdoten aus volkstümlichen Romanen die Grundlage bildeten.

Meine Familie und Freunde haben mich wie immer bei meinem Vorhaben unterstützt. Ein ganz besonderer Dank gilt meiner Jugendfreundin, der Germanistin Dr. Heike Doane aus North Carolina, USA, die akribisch den Schreibprozess verfolgte, und meiner chinesischen Freundin Sophia Liang aus New York, die

165

Bücher und Informationen für mich besorgte. Frau Li Shuang, meine ehemalige Studentin in Xi'an, half bei chinesischen Übersetzungen, mein Mann und Brigitte Schutzmann lasen Korrektur, und schließlich hat Frau Beate Horlemann freundlicherweise wieder das Lektorat übernommen und Christina Eretier hat das Manuskript druckfertig gestaltet. Sie alle waren mir beim Zustandekommen dieses Buches behilflich, gemäß dem Sinnspruch:

Freunde sind Menschen,
die dir nicht nur den Weg zeigen,
sondern ihn mit dir gehen.

ANMERKUNGEN

Vorwort

*Das Sanskrit-Wort „*Sutra*" (Leitfaden) bezeichnet einen kurzen, durch seine Versform einprägsamen Lehrtext der buddhistischen Schriften. Die ältesten indischen Texte wurden mündlich überliefert, und deshalb beginnt jedes Sutra: „*So habe ich es gehört...*"

Teil I: Die Sui-Dynastie

1. Die große Mauer: Bereits der erste Kaiser Qin Shihuangdi ließ ab 214 v. Chr. im Norden des Reichs einen Wall zum Schutz vor feindlichen Nomadenvölkern anlegen. Spätere Monarchen errichteten weitere Befestigungen und verstärkten die Grenzsicherung, bis unter den Ming-Herrschern ab 1473 ein 7000 Kilometer langes, fast undurchdringliches Bollwerk entstand.

2. Das chinesische Kanalsystem: Einzelne Teile des Kanals entstanden schon vor mehr als 2.400 Jahren. Die erste künstliche Wasserstraße soll der aus dem 6.-4. Jahrhundert v. Chr. stammende Hong-Gou-Kanal gewesen sein. Zur Qin- und Han-Zeit wurden verschiedene Kanalprojekte in Angriff genommen, sowohl im Interesse des Transportes als auch der Bewässerung. Zwischen 584 und 610 ließen die Sui-Kaiser (hauptsächlich Yangdi) ein Kanalnetz ausbauen, das die Hauptstädte am Huanghe und am Wei He mit dem Unterlauf des Jangtsekiang und mit Hangzhou im Süden sowie der Region um das heutige Peking im Norden verband. Kaiser Yangdi selbst soll im Jahre 605 mit einer 65 Meilen langen Flotte von Luoyang hinunter nach Yangzhou gereist sein. In der Tang-Zeit war der Kaiserkanal, auch Großer Kanal genannt, die wichtigste Wirtschaftsader des Landes. Der 40 Meter breite und 1300 Kilometer lange Wasserweg diente nicht nur dem Warentransport, sondern auch der Kontrolle und Verwaltung.

3. Fenby, J., *Das chinesische Kaiserreich*, S. 93
4. Paludan, A., *Chronicle of the Chinese Emperors*, S.86
5. Fenby,J., Ibid, S.92
6. Woo, X. L., *Empress Wu The Great*, S. 18. Ein Ausspruch, der in den Geschichtsbüchern überliefert ist.
7. Woo, X. L., *Ibid*, S. 19
8. Warlord: Warlords entstammten gewöhnlich dem Militär. In Zeiten der Unruhe übernahmen sie die Macht in einem bestimmten Gebiet. Wie ihr Name sagt, verhielten sie sich normalerweise aggressiv und ehrgeizig und waren entsprechend gefürchtet.

Teil II: Die Tang-Dynastie

1. Fenby, J., *Das chinesische Kaiserreich*, S. 92
2. Xiong, V. C., *Heavenly Khan*, S. 22
3. Du Fu in Klöpsch, V. „*Der seidene Fächer*", S. 156f
4. Fenby, J., *Ibid*, S. 88
5. Xiong, V. C., *Ibid*, S. 81f
6. Fitzgerald, C. P., *Son of Heaven*, S. 120

Teil III: Chinas Goldenes Zeitalter

1. Lewis, M.E., *Chinas Cosmopolitan Empire*, S. 87
2. Ihr Prestige war so groß, dass die Japaner im 8. Jahrhundert den Stadtplan für ihre Kaiserstadt in Nara übernahmen.
3. Lewis, *Ibid*, S. 89f
4. Cawthorne, N., *Daughter of Heaven*, S. 26f
5. Benn, Ch., *China's Golden Age*, S. 165ff
6. Als Chang'an im Jahre 756 an An Lushan fiel, ließ er die Tiere nach Luoyang, seiner Hauptstadt, bringen. Um die Gesandten aus fernen Ländern zu beeindrucken, erklärte er, die Tiere seien eilends nach Norden geeilt, um sich vor ihm zu verneigen und ihm Ehre zu

erweisen, weil er das Mandat des Himmels erhalten habe. Er ordnete an, dass die Diener die Elefanten hereinführten. Als die Dickhäuter ihn jedoch nur böse starrten und sich nicht bewegten, wurde An Lushan wütend. Er ordnete an, dass die Elefanten in einem Pferch zusammengetrieben und bei lebendigem Leib geröstet werden sollten. Was mit den Nashörnern geschah, ist nicht überliefert.

7. Im Jahre 690 veranstaltete Kaiserin Wu ein Bankett, und ihr fünfjähriger Sohn Zhongzong erfreute die Zuschauer mit dem Tanz *„Die langlebige Dame"*. Bei dem gleichen Fest führte ein vierjähriger Prinz den Tanz *„Der Prinz von Lanling"* auf. Dieser Tanz stellte den triumphalen Sieg des Prinzen in einer wichtigen Schlacht dar.

8. Benn, Ch., *Ibid*, S. 168

9. Paludan,A., *Chronicle of Chinese Emperors*, S.95

10. Während ein Mann viele Frauen gleichzeitig unterhalten konnte, durfte eine Frau sich nicht an mehrere Männer binden. Gu Hongming, ein berühmter Dichter der Qing-Dynastie, der von 1857 bis 1928 lebte, schrieb: *Wir wissen, dass eine Teekanne von vier Tassen begleitet wird, doch hat man je eine Tasse mit vier Kannen gesehen?* Und weiter: *Es ist die Selbstlosigkeit der chinesischen Frauen, die das Konkubinat in China nicht nur möglich, sondern auch nicht unmoralisch macht.*

11. Fenby, J., *Das chinesische Kaiserreich*, S. 102

12. Fenby, J., *Ibid*, S. 102

13. Bai Juyi – der Poet: alle vierhundert verurteilten Gefangenen kamen zurück.

14. *Shaanxi Glories and Dreams*, S. 155f

15. Benn, Ch., *Ibid*, S. 247f

16. *Shaanxi Glories and Dreams*, S. 156f

17. Wencheng wird heute noch als *„Weiße Tara"* verehrt.

18. Darstellung aus dem Internet

19. Clements , J., *Wu*, S. 29

20. Xiong, V. C., *Heavenly Khan*, S. 173-176

21. Korea-Karte aus Guisso, R. W. L., *WU TSE-T'IEN*, S.113

22. Übernahme der englischen Namen, da eine deutsche Übersetzung nicht vorliegt. Nach Taizongs Tod wurden die Bilder seiner Kriegspferde in seiner Grabkammer aufgehängt. Sie sind heute noch zu besichtigen, jedoch zwei von ihnen wurden von skrupellosen Schatzräubern zertrümmert, die sie nach Amerika transportieren wollten. Im Stelen-Museum von Xi'an befinden sich Kopien der Reliefs.

23. Bildnis von Xuanzangs Reise aus *Das alte China*, WAS IST WAS, S. 27

24. Quelle: Eine seidene Bildrolle aus Dunhuang zeigt zwanzig Pferde, welche beladen mit der kostbaren Fracht in einen Tempel trotten.

25. Wriggings, S. H., *Xuanzang*, S. 172ff

26. Xuanzangs Beschreibung der Westlande ist eine überaus wichtige historische Quelle zum damaligen Indien. Sie diente auch als Grundlage des beliebten, volkstümlichen Romans „Die Reise nach Westen".

Teil IV: Wu Zhao und Taizong

1. Clements, J., *WU*, S. 20, Guisso, R. W. L., *WU TSE-T'IEN*, S. 43

2. Yuan Tian Gang und ein Astrologe namens Li Chungfeng verfassten zusammen ein Buch mit vieldeutigen Geschichten oder Sätzen, die Änderungen in zukünftigen Dynastien voraussagten. Als das Werk 64 Seiten umfasste, stieß Li Chungfeng seinen Mitarbeiter Yuan in den Rücken, und damit war die Arbeit beendet. Im Volk nannte man das Werk *„Rückenstoß-Bilderbuch"*. Jede nachfolgende Dynastie verbot den Umlauf dieses Werkes, damit die Bevölkerung nicht wusste, wie und ob sie lange herrschen oder schändlich untergehen würde. Woo, X. L., *Empress Wu*, S. 173f

3. Gesichtlesen und Handlesen konnten ohne weitere Informationen

erfolgen. Beim Wahrsagen benötigte man Geburtstag und -stunde der betreffenden Person. Die Vorhersage bezog sich auf bestimmte Bücher, die von alten chinesischen Philosophen verfasst worden waren, denn Vorhersagen wurden als eine Art Philosophie angesehen.

4. Fitzgerald, C. P., *The Empress Wu*, Prolog xii

5. Nach den Lehren von Konfuzius hatten Frauen keinen besonderen Stellenwert in der Gesellschaft. Bevor eine Frau heiratete, musste sie sich dem Willen ihres Vaters beugen, nach der Hochzeit musste sie sich dem Ehemann unterordnen und als Witwe ihren Söhnen. Eine Frau hatte keinen individuellen Namen – sie trug eine Kombination aus ihrem Mädchen-Familiennamen und ihres Mannes Familiennamen.

6. Bei den Chinesen heißt es, ein Kind ist bei der Geburt ein Jahr alt.

7. Konkubinen am chinesischen Kaiserhof: Am Kaiserhof der verschiedenen Dynastien war die Zahl der Konkubinen und Hofdamen oft nicht mehr zu überblicken. Nach den Aufzeichnungen in Riten der Zhou-Dynastie (11. Jh. – 221 v. Chr.) gab es am Kaiserhof drei Kaiserinnen, neun Konkubinen höchsten Ranges und 27 Konkubinen höheren Ranges sowie 81 Konkubinen niederen Ranges. In der Han- und Tang-Dynastie ging die Zahl der Konkubinen und Hofdamen in die Tausende. Spitzenreiter soll mit 40.000 Konkubinen der Tang-Kaiser Xuanzang gewesen sein. Auch in der Ming-Dynastie gab es am Hof mehrere tausend Hofdamen; erst in der Qing-Dynastie nahmen die Zahlen ab.

8. Clements, J., *WU*, S. 24f

9. Wandmalerei aus dem Qianlong Mausoleum

10. Clements, J., *Ibid*, S. 26

11. Fitzgerald, C. P., *The Empress Wu*, S. XII)

12. Clements, J., *Ibid*, S. 45f

Teil V: Wu Zhao und Gaozong

1. Woo, X.L., *Empress Wu The Great*, S. 44

2. Portrait Gaozong aus dem Internet

3. Hami: Eine Oase in China im Osten der Provinz Xinjiang nordöstlich der Wüste Taklamakan

4. Wriggins, S. H., *Xuanzang*, S. 15

5. Grousset R., *Die Reise nach Westen*, S. 246

6. Sie konnte die Farben nicht unterscheiden, wenn sie an ihn dachte.

7. Die Spuren der Tränen waren auf dem Kleid zu sehen. Woo X.L., *Ibid*, S. 44

8. Yuan Jieying, Traditionelle chinesische Kleidung, S. 58. Während der Tang-Dynastie gab es eine Unzahl verschiedener Frisuren. Eine Studie von Gedichten, Geschichten und anderen Quellen hat 24 unterschiedliche Formen festgestellt.

9. Benn, Ch., *Ibid*, S. 112

10. Du Fu in Klöpsch V., *Der seidene Fächer*, S: 121, Interpretation S. 275

11. Woo, X. L., *Ibid*, S. 53

12. Woo, X. L., *Ibid*, S. 54

So wird die Begebenheit von den Geschichtsschreibern erzählt, welche immer feindliche Gefühle gegenüber der späteren Kaiserin Wu Zetian hegten, die nur eine Frau und noch dazu eine Konkubine war. Wahrscheinlicher ist, dass die Kleine, wie viele Neugeborene in damaliger Zeit, einen frühen unerklärbaren Kindstod starb. Allerdings nutzte Wu Zhao diese günstige Gelegenheit, Kaiserin Wang eines Verbrechens anzuklagen. (Fitzgerald C. P., *The Empress Wu*, S. 23)

Der japanische Schriftsteller Hara Momoyo bringt für den Tod des Kindes eine andere Version ins Spiel: Möglich ist, dass in dem Raum durch Kohleverbrennung Kohlenmonoxyd entstand, das tödlich wirkte. (Dien D., *Empress Wu Zetian*, S. 34)

13. Zu damaligen Zeiten konnte in jeder Familie, sogar bei den Bauern, der Mann eine Scheidung verlangen, wenn seine Frau ihm keinen Sohn gebar, welcher Namen und den Familienbesitz weitertragen und die Ahnenopfer vollbringen würde.

14. Woo, X.L., *Ibid*, S. 57

15. Woo, X.L., *Ibid*, S. 60

16. Entsprechend chinesischer Tradition war es einem Mann erlaubt, seine Konkubine an wen immer er wollte zu verschenken. Aber bis jetzt war es noch nie geschehen, dass ein Vater seine Konkubine an seinen Sohn weitergab. Diese Verbindung hatte einen Beigeschmack, da nicht klar war, ob Wu Zhao mit Taizong sexuelle Beziehungen hatte oder nicht. Wenn ja, wäre es Inzest gewesen.

Teil VI: Die beiden Weisen

1. Woo, X. L., *Empress Wu The Great*, S. 61

2. Lin Yutang, *Lady Wu*, S. 53

3. *Shaanxi Glories and Dreams,* S.150

4. Clements, J., *Wu*, S. 76

5. Tempelnamen wurden normalerweise besonders sorgfältig ausgewählt, sollten sie doch für das Glück im nächsten Leben zuständig sein. Die Namen wiesen auf das Tier der Reinkarnation hin.

6. Es gibt zahlreiche schreckliche Schilderungen des Endes der Frauen. Auch in den Chroniken der Tang-Dynastie wird deren Tötung als äußerst brutal beschrieben. Es heißt: Ihre Hände und Füße wurden abgehackt, die verstümmelten Extremitäten wiederholt gebrochen und zertrümmert und die blutenden Körper schließlich in Weinfässer gesteckt, wo es tagelang dauerte, bis das Ende kam.

7. Lewis, M. E., *China's Cosmopolitan Empire*, S. 100

8. Benn, Ch., *China's Golden Age*, S. 231

9. Rothschild, N. H., *Wu Zhao – China's Only Woman Emperor*, S. 140

Das Famen-Tempelkloster, Famen Si, bildete sich laut historischen Überlieferungen zu einem der bedeutendsten Heiligtümer des Buddhismus in Nordwest-China heraus und erreichte seine Blütezeit während der Tang-Dynastie. Es gehörte zu den vier Klöstern, in denen Finger-Reliquien des historischen Buddha Shakiamuni aufbewahrt wurden. Die Tempelanlage wurde infolge von Verfolgungen des Buddhismus und von Naturkatastrophen mehrmals zerstört. Zuletzt stürzte eine Pagode aus der Ming-Dynastie im Jahre 1981 aufgrund von starken Regenfällen und Erdbeben ein. Die Regierung der Provinz beschloss den Wiederaufbau, und Archäologen stießen 1983 zufällig auf einen bislang unberührten Hohlraum, die Schatzkammer der Tempelanlage. Hier entdeckten sie die erwähnten Reliquien und konnten weit über 600 andere Objekte bergen.

Es befanden sich darunter 122 Gold- und Silbergegenstände, Jade, Glas, Porzellan, Seide, Münzen und sehr wertvolle Seidenbrokate aus der Tang-Dynastie – letztere waren möglicherweise die Spenden von Wu Zetian. Die früheste buddhistische Inschrift des Famen Si, die „Tausend-Buddha-Stele" aus der Zeit der Kaiserin Wu Zetian mit dem Text des Nirwana-Sutra wurde jedoch nicht gefunden. – Die neue Tempelanlage Famen Si ist heute ein bedeutender Ort der Buddha-Verehrung. Im modernen Museum sind große Wandgemälde zu sehen, die Besuche der ersten Tang-Kaiser darstellen. Das erste zeigt Kaiser Gaozu, den Großvater von Gaozong, der in der Robe eines Mönchs mit kaiserlichem Pomp zum Tempel getragen wird. Auf dem zweiten Gemälde ist Kaiser Gaozong als zerbrechlich wirkender bärtiger Mann dargestellt, während eine stolz dastehende Kaiserin Wu, umgeben von ihrer Entourage, die Hauptfigur zu sein scheint.

10. Clements, J., *WU*, S. 97, zitiert Hu, *Wu Zetian*, S. 33
11. Woo, X. L., *Ibid*, S. 86
12. Tai Shan: Im Jahre 1987 wurde der Tai Shan von der UNESCO in die Weltkultur- und Weltnaturerbeliste aufgenommen. Der

Tai Shan befindet sich in der Provinz Shandong und ist mit 1545 Metern zwar nicht der höchste, aber der mächtigste der fünf heiligen Berge des Taoismus. Die vier anderen sind Hua Shan, Heng Shan (Süd), Heng Shan (Nord) und Song Shan. Bereits die Herrscher der Shang-Dynastie (18.-11. Jh. v. Chr.) ließen hier Opferzeremonien für Himmel und Erde abhalten. Während eines Zeitraums von 1000 Jahren kamen 12 chinesische Kaiser hierhin, um ihre Opfer darzubringen.

13. Komet, S. 4 Seidenmalerei: *Die drei Weltanschauungen*:
Der Konfuzianismus: Konfuzius war der bedeutendste Philosoph Chinas. Er lebte während der frühen Zhou-Dynastie (551-479 v. Chr.). Seine Auffassung vom Zusammenleben der Menschen in Familie und Gesellschaft bestimmte mehr als zweitausend Jahre lang das chinesische Denken. Konfuzius befasste sich vor allem mit den Riten, die am Hof und bei adligen Familien gepflegt wurden. In seinem Unterricht versuchte er, auch andere Schichten der Gesellschaft mit diesen Riten vertraut zu machen, weil sie seiner Ansicht nach zur sittlichen Erziehung des Menschen und zur Ordnung im Staat beitrugen. Die Ahnenverehrung war eine der wichtigsten Voraussetzungen für ein harmonisches Zusammenleben in der Familie. Konfuzius verlangte die Einhaltung traditioneller Rituale, mit denen Kinder ihren Eltern und diese wiederum ihren verstorbenen Ahnen Respekt zollten.

Der Taoismus: Der Taoismus geht auf den bedeutenden Philosophen Laotse zurück, der zur Zeit des Konfuzius gelebt haben soll. Laotse pries die Vergangenheit, als die Menschen noch im Einklang mit der Natur lebten, und forderte dazu auf, die Harmonie mit der Natur wiederzufinden. Die Taoisten betonen den Rückzug des Menschen aus der Gesellschaft, während der Konfuzianismus sich mit dem Menschen als Mitglied der Gesellschaft beschäftigt. – Der Legende nach, soll Laotse von 604-531 v. Chr. als Bibliothekar am Zhou-Hof gelebt haben. Mit seinem Werk „Das Buch vom

Wirken des Tao" (Tao Te King) begründete er den Taoismus. Für Laotse war das Individuum und dessen Glück der Schlüssel für das Wohlergehen der Gesellschaft, den Staat mit all seinen Gesetzen sah er als einen üblen Unterdrücker des Einzelnen. Die Anhänger der Lehre sahen das Tao, den Weg, den Einklang mit der Natur als die vollkommene, natürliche und ewige Quelle des Universums.

Der Buddhismus: Der Buddhismus war im 5. Jahrhundert vor Christus in Indien entstanden. Seine Lehre beruht auf der Erleuchtung des historischen Buddha, des Prinzen Gautama Siddharta, der zur Zeit des Konfuzius in Indien lebte. Unter dem heiligen Boddhibaum entdeckte er den „mittleren Weg", der der Suche nach dem inneren Frieden diente. Er wurde zum „Buddha", was „der Erleuchtete" bedeutet. Buddhas Schüler bewahrten die Lehren des Meisters und schrieben sie auf. Vor allem die chinesische Oberschicht wandte sich der neuen Heilslehre zu, und Mönche pilgerten nach Indien, um die heiligen Sutras zu studieren und nach China zu bringen, wo sie aus dem Sanskrit ins Chinesische übersetzt wurden. – Buddha nennt man nicht nur den Begründer des Buddhismus, sondern auch allgemein eine Person, die Erleuchtung erlangt hat. Ihre Seele wird nach vielen Leben, die im Streben nach geistiger Vollendung verbracht wurden, den Kreislauf der Wiedergeburt verlassen und Erlösung erlangen.

14. Döringer, H.-R., *Himmlische Mächte und irdische Feste,* S.81
Drachen werden im chinesischen Volksglauben in mehrere Kategorien eingeteilt: Himmelsdrachen, Erddrachen, Meeresdrachen, Geisterdrachen und Schatzhüter. In Märchen, Mythen und Legenden spielen Meeresdrachen die bedeutendste Rolle, sind sie doch als Regenbringer für das Wohl und Wehe der Landbevölkerung verantwortlich.

15. Woo, X. L., *Ibid*, S. 89
Es heißt, ihr Zorn war so groß, dass Wu Zhao, nachdem sie Kaiserin geworden war, die beiden Ehemänner wegen Nichtigkeiten

verhaften und hinrichten ließ. Die Witwen begaben sich zu einem Kloster und wurden Nonnen.

16. Clements, J., *WU*, S. 119

17. Li Hong litt jedoch schon seit 656 unter Tuberkulose, was die kaiserlichen Ärzte nicht heilen konnten, und es ist möglich, dass er an dieser Krankheit gestorben ist.

18. Woo, X. L., *Ibid*, S. 99f

19. Bild von Qianling aus dem Internet

20. Von 707 bis 709 wurde dann eine 15 Stockwerke hohe Pagode, die sogenannte *„Kleine Wildgans-Pagode"*, errichtet. Sie büßte jedoch durch mehr als 70 Erdbeben ihre beiden oberen Geschosse ein. Mit den verbliebenen dreizehn Stockwerken erreicht sie heute eine Höhe von ca. 43 Metern.

Teil VII: Auf dem Weg nach oben

1. Rothschild, N. H., Wu Zhao – *China's Only Woman Emperor*, S. 126f

2. Im alten China war es üblich, sich nicht zu beschweren, sondern vielmehr ein Dankesschreiben an den Kaiser zu senden und damit zu bekunden, dass dieser mit der Verurteilung zum Tode Recht hatte.

3. Lai Juchen: Obwohl Lai offensichtlich gelogen hatte, konnte er noch weitere fünf Jahre sein schreckliches Amt ausüben. Erst im 6. Mondmonat des Jahres 697 wurde er schließlich hingerichtet, nachdem selbst Wu Zetian nicht mehr verleugnen konnte, dass er korrupt, grausam und niederträchtig war. Als sein Körper unter dem Galgen lag, ließ sich die Menschenmenge nicht mehr zurückhalten. Voller Zorn stürmten die aufgebrachten Zuschauer des Spektakels den Platz und rissen in ihrer Wut den Leichnam in Fetzen.

4. Lin Yutang, *Lady WU*, S. 251f

5. Clements, J., *WU*, S. 168f

6. Woo, X. L., *Empress Wu The Great*, S. 106
Einige Zeit später errichteten die Bürger von Luoyang an dieser Stelle eine Stele mit einer Inschrift, die von diesem Ereignis berichtete. Das bedeutete, dass man mit der Herrscherin zufrieden war.
7. Die Zhou-Dynastie war für ihre exzellente Reichsführung bekannt und hatte angeblich das Mandat des Himmels länger als jede andere historische Dynastie. (1122 v. Chr. - 255 v. Chr.)
8. Kopie aus dem Internet
9. Willetts, W., *Das Buch der chinesischen Kunst*, S. 207
10. Woo, X. L., *Ibid*, S. 107
11. Siehe Manuskript S. 64f

Teil VIII: Endlich offizielle Kaiserin

1. Cooney, E., Altieri, D., *Die eiserne Kaiserin*, S. 392f
2. Rothschild, N. H., *Wu Zhao - China's Only Woman Emperor*, S. 176
3. Rothschild, N. H., *Ibid*, S. 177
4. Fitzgerald, C. P., *The Empress Wu*, S. 151
5. Larsen, J., Willow, *Wine, Mirror, Moon – Women's Poems from Tang China*, S. 24
Hier wird eine Feier in Luoyang zwischen dem 3. und 7. Abend des ersten Mondmonats beschrieben. Schalen mit Alkohol gefüllt schwimmen den Fluss hinunter und können von den Nachtschwärmern aufgehalten werden. Sollten die angeregten Höflinge um die Schalen wetteifern und entschwinden, so werden sie eines Tages wiederkehren – zu mehr als einem Bankett – zur eigenen unverdorbenen Natur, dem Tao.

Im Jahre 700 beauftragte Kaiserin Wu Zetian 47 Schriftgelehrte,

eine Enzyklopädie mit Gedichten zusammenzustellen. Das Werk erhielt den Namen Sanjiao zhuying (Die Perlen der drei Glaubensrichtungen). Alle daran Beteiligten waren ausgebildete Literaten und Dichter, unter ihnen die berühmtesten ihrer Zeit. Die Arbeit an diesem Projekt erweckte auch das Interesse anderer Intellektueller, und so mancher begann sich mit Poesie zu befassen. Als die Enzyklopädie im Jahre 701 fertiggestellt war, erschien zum gleichen Zeitpunkt das Zhuying xueshi ji, bekannt als „Sammlung wertvoller Schönheiten", die von einem Dichter namens Cui Rong zusammengestellt worden war. Während von der Enzyklopädie nichts mehr erhalten ist, wurden in Dunhuang von Cui Rongs Anthologie zwei Fragmente gefunden.

6. Bildnis: *Wan'er im Stelenwald in Xi'an*

7. Clements, J., *WU*, S. 225

8. Woo, X. L., *Empress Wu The Great*, S. 113 Diese Geschichte soll in den Analen vermerkt sein.

9. Woo, X. L., *Ibid*, S. 111

10. Longmen-Grotten: Die Longmen-Grotten liegen im Li-Flusstal zwischen dem Duft-Berg und dem Longmen-Berg in der Nähe der Stadt Luoyang. Sie wurden im Jahre 2000 zum UNESCO-Weltkulturerbe ernannt und sind eine der bedeutendsten Touristenattraktionen Chinas. Schon während der Nördlichen Wei-Dynastie wurde im Jahre 493 n. Chr. mit dem Bau begonnen. Die größte Statue in der Anlage ist der 17,14 Meter hohe Vaivocana; die kleinste Mikrogravur-Buddha-Figur ist nur zwei Zentimeter hoch. Zu den wichtigsten Förderern der Stätte gehörte Chinas einzige (eigenberechtigte) Kaiserin Wu Zetian. Zur Zeit der Kulturrevolution (1966-1976) wurden viele Buddha-Figuren zerstört oder stark beschädigt.

11. Fotos aus dem Internet

12. Der Mönch Yi Jing. Seine Geschichte: Yi Jing trat mit sieben Jahren in ein Kloster ein. Als er zwölf Jahre alt war, starb sein Lehrer

Shan-yu, was ihn sehr schmerzte. Der Verlust professioneller Unterweisung bewog ihn dazu, viele Jahre später nach Indien zu pilgern. Er folgte den Spuren seiner Vorgänger Faxian (337-422) und Xuanzang (603-664), um dort die wahren Stätten des Buddhismus zu besuchen. Grousset (S.252f) beschreibt die Reise folgendermaßen:

Da der Landweg mittlerweile unsicher geworden war, entschloss sich I-tsing, mit dem Schiff zum Ort seiner Sehnsucht zu reisen. Im Herbst 671 schiffte er sich in Guangzhou (Provinz Jiangsu) ein. Es war Monsunzeit, und dementsprechend stürmisch und aufgewühlt war die See. Dennoch erreichte der persische Dampfer in 20 Tagen die Insel Sumatra. Hier lebte der Mönch acht Monate und reiste dann wiederum mit einem Schiff bis nach Bengalen. In Tamralipti verbrachte er studienhalber ein Jahr, und erst als er sich sprachlich sicher fühlte, begann er seine Reise ins Innere des Landes. Schon nach kurzer Wanderung befiel ihn eine Schwäche, und er schloss sich sicherheitshalber einer Karawane von Kaufleuten an. Unglücklicherweise wurde diese Karawane überfallen und auch I-tsing kam nicht glimpflich davon.

Man beraubte ihn all seiner Wertsachen und Kleidung. Von Kopf bis Fuß mit Schlamm bedeckt, den Körper notdürftig mit Blättern verhüllt, schleppte er sich weiter und erreichte endlich die heiligen Stätten. Vor dem Bodhi-Baum, unter dem Buddha die Erleuchtung erlangt hatte, sprach er voller Inbrunst ein Dankgebet. Von nun an durchreiste er das Land, besuchte Klöster und sammelte Schriften.

13. Fitzgerald C., P., *Ibid*, S. 129f
14. Woo, X.L., *Ibid*, S: 115
15. Rothschild, N. H., *Ibid*, S. 178

Teil IX: Schwierige letzte Jahre

1. Fitzgerald, C. P., *The Empress Wu*, S. 158
2. Clements, J., *WU*, S. 213
3. Clements, J., *Ibid*, S. 219
4. Rothschild, N. H., *Wu Zhao – China's Only Woman Emperor*, S. 184
5. Dien, D. Sh.-F., *Empress Wu-Zetian in Fiction and in History*, S. 53

„Bücher sind Schiffe,
welche die weiten Meere der Zeit durcheilen
und uns zu unbekannten Ufern führen."
Francis Bacon

quellenverzeichnis

I. Bücher in deutscher Sprache

Bedürftig, F. „Buddhismus – Geschichte und Gegenwart"
HONOS Verlag, Köln, Deutschland

Blauth, B. „Altchinesische Geschichten über Fuchsdämonen"
Peter Lang Verlag, Frankfurt/Main, Deutschland, 1996

Chen, J. „Han gan und das Zauberpferd";
Moritz Verlag, Frankfurt am Main, Deutschland, 2004

Cooney, E. Altieri, D., „Die eiserne Kaiserin"
Bertelsmann Verlag, München, Deutschland, 1994

Döringer, H.-R. „Himmlische Mächte und irdische Feste";
Horlemann Verlag, Bad Honnef, Deutschland, 2011

Eberhard, W. „Geschichte Chinas";
Kröner Verlag, Stuttgart, Deutschland, 1980

Fenby, J. „Das chinesische Kaiserreich"
National Geographic, Hamburg, Deutschland, 2010

Gottschalk, G. „Chinas große Kaiser"
Scherz Verlag, München, Deutschland, 1982

Grießler, M. „China – Alles unter dem Himmel"
Thorbecke, Sigmaringen, Deutschland, 1996

Grousset, R. „Die Reise nach Westen",
Diederichs Verlag, Köln, Deutschland, 1986

Klöpsch, V. Hrsg. „Der seidene Fächer – Klassische Gedichte aus China"
Deutscher Taschenbuch Verlag, München, Deutschland, 2009

Kubin, W., Hrsg. „Die Fahrt zur Roten Wand – Dichtung der Tang-Zeit und ihre Deutung"
edition global, München, Deutschland, 2007

Lin Yutang „Lady Wu – Das ungewöhnliche Leben einer Kaiserin"
Deutscher Bücherbund, Kindler Verlag, München, Deutschland

McCune, E. „Wu Jao – Die Kaiserin"
Europaverlag, Wien-München, 1997

Willetts, W. „Das Buch der chinesischen Kunst"
Econ Verlag, Düsseldorf, 1968

II. Bücher in englischer Sprache

Atkins, M. F. *"Ancient China"*
Abdo Publ., Minneap., USA, 2015
Barrett, T. H. *"The Woman Who Discovered Printing"*
Yale University Press, London, Great Britain, 2008
Benn, Ch. *"China's Golden Age"*
Oxford University Press, New York, USA, 2002
Benn, Ch. *"Daily Life in Traditional China – The Tang Dynasty"*
Greenwood Press, London, Great Britain, 2002
Cawthorne, N. *"Daughter of Heaven"*
Oneworld Publications, Oxford, Great Britain, 2007
Exhibition Catalog *"China at the Court of the Emperors – Unknown pieces from the Han Tradition to Tang Elegance"*
Fondazione Palazzo Strozzi, Florence, Italy, 2008
Clements, J. *"WU THE CHINESE EMPRESS WHO SCHEMED, SEDUCED AND MURDERED TO BECOME A LIVING GOD"*
Sutton Publishing, 2007
Cotterell, A. *"CHINA"*
Dorling Kindersley, Limited, London, Great Britain, 1994
Cotterell, A. *"The Imperial Capitals of China"*; Random House,
London, Great Britain, 2007
Dien, D. Sh.-F. *"Empress Wu-Zetian in Fiction and in History"*
Nova Science Publ., New York, USA, 2003
Eichenbaum Karetzky, P. *"Court Art of the Tang"*
Middletown DE, USA, 2018
Fitzgerald, C. P. *"Son of Heaven – Biography of Li Shimin"*
Cambridge University Press, Great Britain, 1933
Fitzgerald, C. P. *"The Empress Wu"*
The University of British Columbia, Vancouver 8, Canada, 1955
Guisso, R. W. L. *"WU TSE-T'IEN AND THE POLITICS OF LEGITIMATION IN T'ANG CHINA"*
Western Washington University, Bellingham, Washington, USA, 1978

Hinsch, B. *"Women in Early Imperial China"*
Rowman & Littlefield, Publ., Plymouth, Great Britain, 2011
Larson, J. *"Willow, Wine, Mirror, Moon – Women's Poems from Tang China"*
Publication by BOA Editions, Ltd., Rochester NY, USA, 2013
Lewis, M. E. *"China's Cosmopolitan Empire –The Tang Dynasty"*
The Belknap Press of Harvard University, Cambridge, USA, 2012
Liao, Yan *"Famous People of China"*
Mason Crest, Philadelphia, USA, 2013
Paludan, A. *"Chronicle of Chinese Emperors"*
Thames & Hudson Ltd., London, Great Britain, 1998
Rockefeller, L.A. *"Empress Wu Zetian"*
Legendary Women of World History Series, San Bernardino, USA, 2017
Rothschild, N. H. *"Wu Zhao – China's Only Woman Emperor"*
The Library of World Biography, Pearson / Longman, 2008
"Shaanxi Glories and Dreams"
Foreign Language Press, Beijing, China, 2006
Too, L. *"Empress Wu"*; Konsep Lagenda, SND BHD (223 855),
Kuala Lumpur, Malaysia, 2005
Woo, X. L. *"Empress Wu the Great – Tang Dynasty China"*
Algora Publishing, USA, 2008
Wriggins, S. H., *"Xuanzang – A Buddhist Pilgrim on the Silk
Road"*; West View Press, Boulder, USA, 1996
Xiong, V. C. *"Heavenly Khan – A Biography of Emperor Tang
Taizong; Li Shimin"*; airiti press, New Taipei City, Taiwan
Magazine: GEO EPOCHE Nr. 8 „*DAS ALTE CHINA*"; Gruner &
Jahr, 2002
GEO EPOCHE NR. 93 „*Das kaiserliche CHINA*"
Gruner & Jahr, 2018
Internet: You Tube: „*Die Geschichte Chinas: Wu Zetian – Von der
Konkubine zur Kaiserin*"
Landkarte: Tang-Imperium Mitte des 7. Jhr.

ZEITLINIE

Sui-Dynastie
581-604..... Kaiser Wendi
604-617..... Kaiser Yangdi
617-618...... Kaiser Gongdi

Tang-Dynastie (frühe Periode)
618-626..... Kaiser Gaozu
626-649 .... Kaiser Taizong
649-683 .... Kaiser Gaozong
684........... Kaiser Zhongzong - wenige Wochen
684-690 .... Kaiser Ruizong

Zhou-Dynastie
609- 705 ... Kaiserin Wu Zetian

Tang-Dynastie (späte Periode bis 907)
705-710..... Kaiser Zhongzong
712-756..... Kaiser Xuanzong

Bedeutende Ereignisse
625.....Geburt von Wu Zhao, der späteren Kaiserin
626.....Kampf am Tor des Schwarzen Kriegers
627.....Thronbesteigung von Kaiser Taizong
628.....Geburt von Gaozong, dem späteren Kaiser
629.....Xuanzang, der Mönch, verlässt China
636.....Wu Zhao kommt als Konkubine an den Kaiserhof
643 ....Komplott der kaiserlichen Söhne
644 ....Taizongs Korea-Feldzug
645.....Xuanzang, der Mönch, kehrt nach Chang'an zurück

ΛUTORENPORTRΛIT

Heide-Renate Döringer, Dr. phil., ist promovierte Linguistin und Poesiepädagogin. Sie unterrichtete während vieler Jahre Deutsch und Englisch an der Frankfurt International School in Oberursel /Taunus. Die Begegnung mit Menschen verschiedener Nationalität hat sie stets fasziniert und dazu inspiriert, die Welt zu erkunden. Ihre Familie in Hongkong und ein Gastsemester als Dozentin an der Fremdsprachenuniversität in Xi'an/China im Jahre 2008 boten ihr Gelegenheit, die Menschen und die Geschichte des faszinierenden Landes näher kennenzulernen. Sie befasst sich intensiv mit verschiedenen Aspekten dieser Jahrtausende alten Kultur.

Veröffentlichungen zu diesem Thema:

„Der Himmel liebt Menschen, die gerne essen" Eine kulinarische Reise durch China mit Gerichten und ihren Geschichten, Horlemann Verlag, 2008

„Himmlische Mächte und Irdische Feste" Durch das Mondjahr mit Mythen, Märchen und Legenden, Horlemann Verlag, 2011

„Seide" Gesponnene Geschichten entlang der Seidenstraße, BoD Norderstedt, 2013

„Chinesische Drachen" Mythen-Märchen-Legenden aus dem Reich der Mitte, BoD Norderstedt, 2015

„Der erste Kaiser von China" Mythen-Märchen und Legenden um den sagenumwobenen Qin Shihuangdi, BoD Norderstedt, 2016

„CIXI Die letzte Herrscherin auf dem chinesischen Drachenthron" Lebensbild einer außergewöhnlichen Frau, BoD Norderstedt 2018